ANDRÉ KFOURI e PAULO V. COELHO

Ilustrações FRAGA

os 100 melhores jogadores brasileiros de todos os tempos

Ediouro

ESPN

Para meu time: Marina, Luiza e Julia.
A.K.

A Adriana, Bruna e João Pedro, que perderam algumas horas de nosso convívio diário para ler este trabalho.
P.V.C.

prefácio

Se você entrar no site www.espnbooks.com, verá tudo o que os canais ESPN já realizaram para a sua biblioteca. Os títulos publicados nos Estados Unidos incluem futebol americano, beisebol, NBA, basquete universitário, hóquei.

Se você ligar a televisão, vai ver tudo o que os canais ESPN têm feito no Brasil. São três possibilidades para fãs de esportes: ESPN Brasil, ESPN e ESPN HD. A ESPN nasceu em 1979, chegou ao Brasil em 1995 e por aqui também já virou rádio e revista.

Pois André Kfouri e Paulo Vinicius Coelho perceberam que estava faltando alguma coisa aqui na América do Sul. Alguma coisa na sua biblioteca.

A história de André Kfouri tem tudo a ver com a ESPN. Iniciou a carreira no rádio, pela Jovem Pan, de São Paulo, no começo dos anos 90. Na televisão, estreou em 1994, quando o canal dava seus primeiros passos no país. O microfone ainda não trazia as quatro letras que identificam a mais precisa informação esportiva em todo o mundo. Era a TVA Esportes, ESPN apenas a partir do ano seguinte.

Nos primeiros quinze anos da ESPN no Brasil, Kfouri viajou o mundo espalhando informação de qualidade. Viu Gustavo Kuerten ganhar em Roland Garros, entrevistou Michael Jordan no vestiário, na NBA, viu a derrota da Seleção de Zagalo para a França, em 1998, cobriu Copas do Mundo e Olimpíadas.

Repórter de cultura poliesportiva, escreveu em parceria com Fernando Meligeni o livro *Aqui Tem!*, com histórias da carreira do tenista.

Paulo Vinicius Coelho, o PVC, escreveu as primeiras linhas de sua biografia na imprensa escrita. Cobriu Copa do Mundo como repórter da revista *Placar*, em 1994, e do diário *LANCE!*, em 1998, antes de empunhar o microfone da ESPN. Por aqui, foi comentarista na cobertura da Copa de 2006, na Alemanha. E é autor dos livros *Jornalismo Esportivo*, *Os 50 Maiores Jogos das Copas* e *Bola Fora – a História do Êxodo do Futebol Brasileiro.*

Os 100 Melhores Jogadores Brasileiros de Todos os Tempos não é apenas uma parceria dos dois jornalistas. É também um dueto histórico entre duas marcas tão importantes quanto a Ediouro e a ESPN. É a união da experiência no mercado editorial com a maior marca em esportes no mundo.

Neste livro, a Ediouro, o André Kfouri e o PVC ajudam a ESPN a cumprir sua missão de lançar seu primeiro livro no Brasil. Mas preste atenção, porque a promessa é que este seja o primeiro de muitos.

Então, prepare-se para se deliciar com os perfis dos 100 maiores jogadores brasileiros de todos os tempos. Histórias como a contada por Paulo Roberto Falcão sobre o zagueiro Mauro Galvão, que viu nascer. O melhor jogo da vida de Mengálvio, o coadjuvante que fez história no fantástico Santos de Pelé. Depoimentos que desmentem lendas, como a chegada de Paulo César Carpegiani ao Internacional, no fim dos anos 60.

Na redação, entre um e outro telefonema para os craques perfilados neste livro, sempre aparecia a pergunta, a curiosidade: "Você pode me dizer em que lugar eu fiquei?". O livro inspira isso. A alguns dos craques aqui retratados pareceu uma honra estar aqui presente. Pois podem ter certeza: a honra é toda nossa. Acredite: pelo que conheço do André e do PVC, é assim que eles se sentem por colocar nas páginas de um livro gente que você antes via nos programas da ESPN Brasil. Essa gente que você agora também pode ler nos canais ESPN.

A partir de *Os 100 Melhores Jogadores Brasileiros de Todos os Tempos*, você que acompanha a ESPN no Brasil desde 1995 sabe: informação é o nosso esporte.

Na TV ou na estante.

José Trajano

apresentação

Este livro é o resultado de uma eleição virtual.

Durante o mês de abril de 2009, mais de cem mil pessoas votaram numa enquete promovida pelo site da ESPN Brasil e escolheram os 100 jogadores que aqui estão.

Cada eleitor pôde escolher no mínimo 1 e no máximo 100 jogadores de uma lista de 182 candidatos (ver capítulo "Injustiças") formulada pelos autores.

Os eleitos estão em ordem alfabética, depois de Pelé.

As "fichas técnicas" de cada jogador contêm as informações sobre a carreira em clubes e na Seleção Brasileira. No último caso, para o levantamento de número de jogos e gols, os autores usaram como referência o livro *Todos os jogos do Brasil*, de Ivan Soter, André Fontenelle, Mario Levi Schwartz, Dennis Woods e Valmir Storti, obra que considera apenas as partidas oficiais da seleção principal contra seleções nacionais.

Para as informações sobre jogadores que estão em atividade, por favor, observe que este livro (o nosso, não o deles) foi concluído em abril de 2010.

Logo depois da eleição dos 100 melhores, fizemos outra pesquisa pelo mesmo site, durante duas semanas. A ideia era escolher a melhor Seleção Brasileira de todos os tempos. O time que conquistou o tricampeonato mundial na Copa de 1970, no México, ganhou com facilidade.

Se você votou, muito obrigado por nos ajudar a fazer este livro. Se não votou, obrigado por tê-lo em mãos.

Esperamos que você goste.

A.K. e P.V.C.

escalação

■ pelé

– PELÉ JÁ ERA O MELHOR MUITO ANTES de ser e continua sendo mesmo depois de ter sido.

Ninguém escreveu sobre Pelé com tanta competência quanto Armando Nogueira, autor da frase que inaugura este texto. A situação a que Armando Nogueira se refere é o jogo que festejou os 50 anos do Rei Pelé, em 1990, em Milão. Crianças de todas as idades, convidadas pela Fifa, lotaram o espaço destinado a elas para ver Pelé jogando. Gente que jamais havia sonhado em ver o melhor jogador de todos os tempos em ação. Que cavou seu lugar no estádio San Siro para assistir mais que a um senhor de 50 anos. Para ver um mito.

Mito que nasceu em 1956, logo depois de chegar à Vila Belmiro carregado pelas mãos de Waldemar de Brito. Chegou para 18 anos de glória. Na história do Campeonato Paulista, sete jogadores terminaram com o título de artilheiro com mais de 30 gols. Pelé foi um deles. Detalhe: alcançou esse feito sete vezes.

O ápice foi em 1958, quando atingiu a marca de 58 gols, até hoje um recorde.

Aos 17 anos, marcou seis gols na Copa do Mundo, três deles na semifinal contra a França.

– Jogava em alta velocidade, com dribles curtos, longos, tabelas, chutava com os dois pés, cabeceava com os olhos abertos, olhando para o goleiro, passava bem, era inteligente, um guerreiro em campo, crescendo nos momentos ruins.

A definição é dada por Tostão, seu parceiro de ataque na Copa de 1970, em seu livro *Lembranças, Opiniões, Reflexões sobre Futebol.*

Colecionou títulos e lesões. Uma delas o tirou da Copa do Mundo de 1962, a partir do terceiro jogo. Outra tirou-o de ação das finais da Copa Intercontinental de 1963, contra o Milan.

Entre uma contusão e outra, jogou aquela que se afirma ter sido sua melhor partida em todos os tempos. O Santos havia vencido o Benfica por 3 x 2 no Maracanã e viajou a Lisboa para levantar o título. O Benfica já considerava concreta a possibilidade da terceira partida e chegou a vender ingressos para ela. Pelé impediu.

Aos quinze minutos, fez Santos 1 x 0.

Aos vinte e cinco, 2 x 0.

Aos dezenove do segundo tempo, marcou o quarto do Santos, porque Coutinho tinha feito o terceiro. Jogada de Pelé.

O jogo terminou 5 x 2. Para Pelé.

O mais completo jogador de todos os tempos, o único capaz de executar à perfeição todos os fundamentos, Pelé só poderia ter o currículo mais repleto. O único 3 vezes campeão mundial pela Seleção, bicampeão mundial pelo Santos, 10 vezes campeão paulista, 5 vezes campeão da Taça Brasil, 1 vez do Robertão.

O único na história do futebol a marcar 1.000 gols como profissional. Até Romário, com sua precisa lista de 1.002 gols, coleciona 47 como amador. Pelé, não. No dia 19 de novembro de 1969, ainda antes de completar sua obra, de ser tri no México, de jogar pelo Cosmos, postou-se diante de Andrada, na marca da cal do Maracanã. Dali, cobrou diante de câmeras de todo o mundo o pênalti que selou o milésimo de seus 1.082 gols.

Por anos, a pergunta foi se alguém seria capaz de marcar 1.000 gols depois de Pelé. A resposta foi concebida pelo maior poeta brasileiro. Carlos Drummond de Andrade esclareceu: "Difícil não é fazer 1.000 gols como Pelé. Difícil é fazer 1 gol como Pelé."

Nome: Edson Arantes do Nascimento
Nascimento: 23/10/1940, em Três Corações (MG)
Clubes: Santos (1956-1974), Cosmos-EUA (1975-1977)
Seleção Brasileira: 1957-1971 (91 jogos, 77 gols)

"Difícil não é fazer 1.000 gols como Pelé. Difícil é fazer 1 gol como Pelé." *Carlos Drummond de Andrade*

ademir da guia

Um mestre do tempo e do espaço de uma partida de futebol.

NA NOBRE LINHAGEM DE JOGADORES DE MEIO DE CAMPO que o futebol brasileiro já produziu, há um que parece ter a palavra "injustiçado" como continuação do nome.

Não há conversa sobre Ademir da Guia que não inclua as oportunidades que ele não recebeu na Seleção Brasileira, vítima do "azar" de ser contemporâneo de astros que, na opinião de quem escolhia, brilhavam mais.

Ademir é o gênio que só jogou uma partida de Copa do Mundo na vida.

A insistência quanto ao que faltou à carreira de um dos grandes meias de todos os tempos é um erro que não se justifica. Discussões sobre o ídolo máximo da história do Palmeiras deveriam se concentrar no oposto: o que sobrou na passagem de Ademir pelos gramados.

Técnica, classe, inteligência. Ademir era aquele jogador que, sem esboçar esforço, fazia tudo o que acontecia em campo, para o time dele e o do adversário, girar em torno de suas ações. Se fechasse os olhos por dois segundos, saberia dizer exatamente onde estavam todos os outros 21 jogadores e como o lance em andamento terminaria. Um mestre do tempo e do espaço de uma partida de futebol.

Como a bola costuma preferir a companhia desses espécimes raros, ela colava como velcro nos pés de Ademir. Mas ele também era um jogador diferente quando queria se desfazer dela. A categoria com que recebia um passe, por pior que fosse, estendia-se até o toque seguinte, para benefício do próximo companheiro. Ademir recebia uma pedra e entregava uma pluma.

Leivinha, um dos grandes parceiros de tantos anos no Palmeiras, costuma dizer que jamais viu Ademir ir para o meio de uma roda de bobinho, por mais que os outros jogadores tentassem obrigá-lo a errar. Não conseguiam prejudicar a relação de intimidade que ele tinha com aquela esfera de couro, inatingível para a maioria infeliz.

Quem não o viu jogar não precisa de muita imaginação para visualizá-lo: é só pensar em alguém que fazia as jogadas mais difíceis parecerem movimentos naturais, espontâneos, automáticos.

Ademir da Guia só vestiu três camisas como jogador profissional. A do Bangu, por dois anos. A do Palmeiras, por quinze. E a da Seleção, apenas doze vezes.

É fácil descobrir a cor que o identifica. De verde, com um 10 às costas, ganhou, entre outros troféus, 5 títulos paulistas e 2 brasileiros. Um busto de bronze na sede da Sociedade Esportiva Palmeiras o imortalizou.

Frustração e injustiça são sentimentos que não deveriam se associar à carreira de quem jogou tanto e sempre será reconhecido como um "fora de série". Ademir nasceu com a excelência futebolística no DNA, transmitido pelo pai, Domingos da Guia (também presente neste livro). Seu tempo como jogador não poderia ter sido melhor, mesmo que a Seleção Brasileira não o tenha aproveitado.

Seu apelido é Divino. Seu time, a Academia. Seu legado, arte com a bola nos pés.

Nome: Ademir da Guia
Nascimento: 3/4/1942, no Rio de Janeiro (RJ)
Clubes: Bangu (1960-1961), Palmeiras (1962-1977)
Seleção Brasileira: 1965 e 1974 (9 jogos, 0 gol)

adílio

EM QUALQUER CONVERSA SOBRE OS MELHORES jogadores do Flamengo de todos os tempos, um meia precisa ser citado.

Ele foi criado no clube, era extremamente habilidoso, criativo, excelente no passe. Foi autor de gols decisivos e figura importante da época mais gloriosa da história rubro-negra.

Vivendo a maior parte e o período mais produtivo da carreira no Flamengo, é um dos recordistas de atuações com a camisa do clube e um grande ídolo da torcida.

Mas seu nome não é Zico.

No lendário meio de campo que deu ao Flamengo seus troféus mais valiosos, Adílio era o complemento, o parceiro de Zico. O jogador que mantinha o nível de preocupação da defesa adversária quando a bola não estava com Zico. O meia que garantia a qualidade do toque de bola de um dos times mais encantadores que o Brasil já teve.

Os quatro Campeonatos Cariocas (1978, 1979, 1981 e 1986) que Adílio ganhou parecem pouca coisa quando comparados aos três Campeonatos Brasileiros (1980, 1982 e 1983), à Copa Libertadores (1981) e à Copa Intercontinental (1981). Essa lista é só para mostrar como, naquela época, a torcida do Flamengo era feliz pela quantidade e qualidade das conquistas.

Conquistas para as quais Adílio contribuiu com muita categoria e gols que o torcedor rubro-negro não esquece.

Ele foi criado no clube, era extremamente habilidoso, criativo, excelente no passe.

Um deles aconteceu na vitória mais celebrada da história do Flamengo: 3 x 0 no Liverpool, em Tóquio, em 1981. O time brasileiro já estava na frente, graças a um gol de Nunes, quando Zico cobrou uma falta de um jeito diferente. Em vez da bola alta, que procura o ângulo, daquela vez ele bateu forte e rasteiro. A bola passou pelo meio da barreira e o goleiro sul-africano do Liverpool, Bruce Grobbelaar, não conseguiu segurar. No rebote, Lico chegou antes da zaga, tocou para o gol, mas Grobbelaar voou e defendeu de novo. A bola apareceu na frente de Adílio, que acompanhava o lance. O chute ainda bateu num defensor inglês antes de entrar.

Trinta e cinco minutos do primeiro tempo, relativamente cedo. Mas, com 2 x 0, o mundo já sabia quem era o dono da coroa.

O outro gol inesquecível de Adílio também aconteceu num 3 x 0, sobre o Santos, na decisão do Campeonato Brasileiro de 1983. Esse foi o jogo em que se estabeleceu o recorde de público da história da competição: 155.523 pessoas foram ao Maracanã.

Adílio fechou a goleada no último minuto do jogo. Robertinho fintou Gilberto na ponta esquerda e fez um cruzamento preciso para Adílio mergulhar de cabeça. Seu sorriso aberto na comemoração do gol foi a senha para o começo da festa do tricampeonato do Flamengo.

Adílio deixou o Flamengo em 1987 e foi jogar no Coritiba. Teve um breve e sem brilho retorno em 1993, que em nada arranha seu papel no início dos gloriosos anos 80.

Tempos em que a nação rubro-negra sorria a cada vez que ele tocava na bola.

Nome: Adílio de Oliveira Gonçalves
Nascimento: 15/5/1956, no Rio de Janeiro (RJ)
Clubes: Flamengo (1975-1987, 1993), Coritiba (1987-1988), Barcelona de Guayaquil-ECU (1989), Itumbiara (1991), Alianza Lima-PER (1991-1992), Santos-ES (1993), América de Três Rios (1994), Bacabal (1995), Serrano (1995), Barreira (1995-1996), Friburguense (1996)
Seleção Brasileira: 1979-1982 (1 jogo, 0 gol)

aldair

Um zagueiro com proporções exatas de técnica e disposição.

ALDAIR É O ZAGUEIRO CENTRAL PERFEITO para a "defesa santa" da história da Seleção Brasileira. Para os fanáticos pela tática do futebol, a escalação tem uma linha de quatro defensores: Djalma Santos, Aldair, Márcio Santos e Nilton Santos.

Diferentemente dos companheiros acima, ele nunca usou o sobrenome. Por isso parece um estranho nessa sequência de "parentes", cuja única ligação é a alta quantidade de talento para jogar futebol.

Aldair é Aldair Nascimento *dos Santos*.

Nasceu para o futebol na Gávea, com ótimos professores. Mozer e Leandro eram os zagueiros do Flamengo quando Aldair chegou ao time profissional. Na campanha do título carioca de 1986, Aldair apareceu tão bem que foi a principal revelação do campeonato.

Um zagueiro com proporções exatas de técnica e disposição, qualidades que raramente se encontram no mesmo recipiente. Aldair era clássico e vibrante. Não achava que suas habilidades o dispensavam da obrigação de transpirar. E, mesmo que passasse o jogo inteiro sujando o uniforme em desarmes na horizontal, jamais o fazia sem a precisão de quem entende o jogo de forma superior.

Em 1987, fez parte do time que conquistou a Copa União, jogando ao lado de Jorginho, Leonardo, Zico, Bebeto, Renato Gaúcho... E não fez feio na companhia de tantos craques.

Dois anos depois, se mandou para a Europa e nunca mais voltou.

A primeira parada foi em Portugal. Chamado para substituir Mozer, ex-companheiro de Flamengo que estava saindo do Benfica para jogar no Olympique de Marselha, Aldair ajudou o clube lisboeta na temporada 1989/1990. O Benfica foi vice-campeão português e da Copa dos Campeões da Uefa, e a qualidade de Aldair foi irresistível para os dirigentes da Roma.

No time da capital italiana, foram 415 jogos em 13 temporadas seguidas, que produziram 2 títulos: a Copa Itália 1990/1991 e o Campeonato Italiano 2000/2001.

A fidelidade de Aldair o transformou em um dos maiores ídolos dos torcedores romanos. Desde que o futebol italiano reabriu as portas para jogadores estrangeiros, em 1980, ele foi o brasileiro que mais tempo atuou por lá. Em 2003, quando deixou o clube, a Roma aposentou a camisa 6. O número de Aldair jamais será usado por outro jogador.

Mas o momento sublime da carreira desse craque da defesa aconteceu nos Estados Unidos, com o uniforme da Seleção Brasileira. Aldair ganhou um lugar no time com a sorte e a competência que acompanham os campeões.

A dupla de zagueiros que iniciou a Copa era Márcio Santos e Ricardo Rocha. Quando o segundo se machucou na estreia contra a Rússia, Aldair entrou e não saiu mais. No caminho para o tetra, a defesa brasileira levou apenas 3 gols em 7 jogos.

Aldair também contribuiu para o ataque. Na vitória por 3 x 2 sobre a Holanda, nas quartas de final, foi ele quem começou a jogada do primeiro gol do Brasil. Cortou um passe de Frank Rikjaard para Dennis Berkamp e fez um lindo lançamento para Bebeto, na esquerda. Bebeto cruzou e Romário marcou.

A Copa de 1994 foi a segunda da carreira de Aldair. Ele foi reserva em 1990, na Itália, e titular em 1998, na França.

Nome: Aldair Nascimento dos Santos
Nascimento: 30/11/1965, em Ilhéus (BA)
Clubes: Flamengo (1985-1989), Benfica-PRT (1989-1990), Roma-ITA (1990-2003), Genoa-ITA (2003-2004)
Seleção Brasileira: 1989-2000 (81 jogos, 2 gols)

alex

Que jogador!

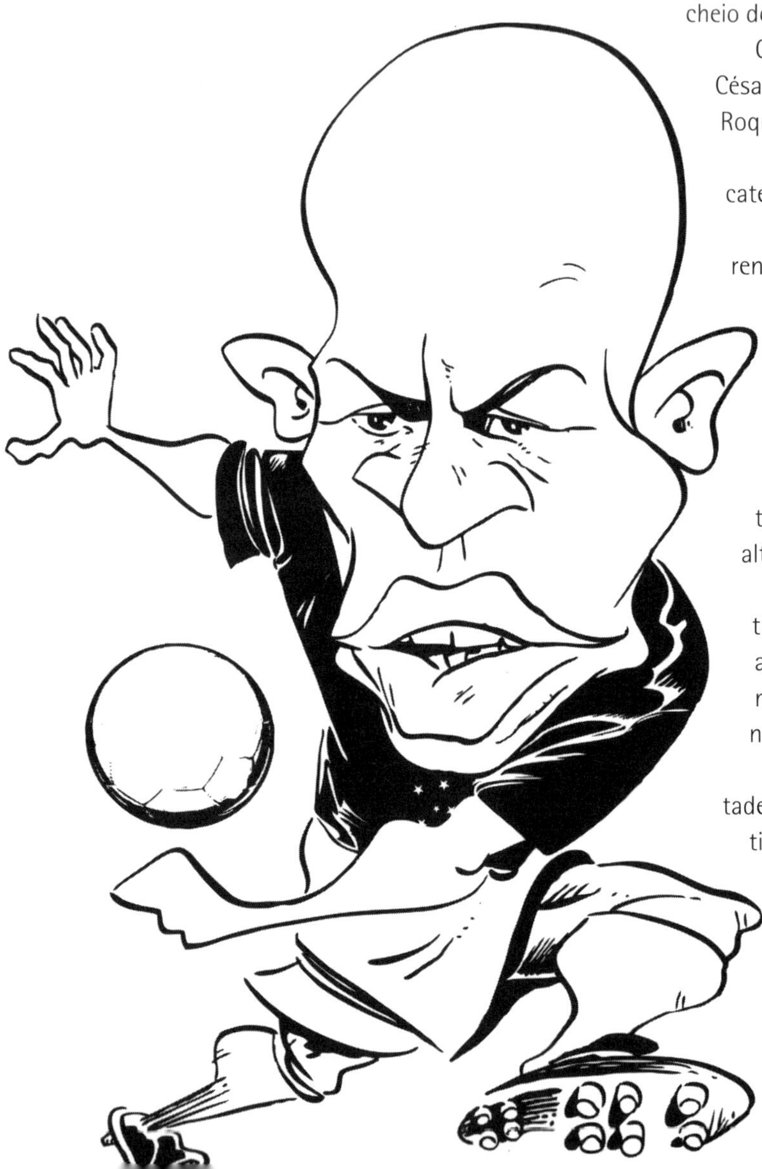

O PALMEIRAS PRECISAVA VENCER o River Plate nas semifinais da Copa Libertadores. Precisava de 2 gols de vantagem e tinha time para fazer até mais. Mas sabe como é: Libertadores, adversário argentino... o estádio Palestra Itália estava cheio de gente, de esperança e de tensão.

O time, treinado por Luis Felipe Scolari, tinha Marcos no gol, César Sampaio no meio de campo, Paulo Nunes no ataque. Tinha Roque Júnior, tinha Arce, tinha Zinho, tinha Evair.

E tinha Alex. A perna esquerda de Alex. O cérebro de Alex. A categoria, a visão, a técnica de Alex.

Numa noite fria de maio, as dúvidas e os medos dos palmeirenses duraram só dezessete minutos.

Zinho dominou a bola um pouco depois da linha do meio de campo e lançou para Alex. Dois metros antes da meia-lua, ele a recebeu no peito. Não foi uma "matada", foi um drible. O zagueiro argentino, malposicionado, correu atrasado e não conseguiu interromper o movimento ao perceber que Alex e a bola já estavam à frente dele. Um toque de pé esquerdo acertou a distância para o chute forte, alto, totalmente fora do alcance do goleiro.

O gol no início do jogo deixou o River Plate no transe típico de quem percebe que o que não podia acontecer tinha acabado de acontecer. E produziu o que esse torpor normalmente produz: outro gol. Roque Júnior, de cabeça, dois minutos depois.

Efetivamente, o jogo tinha acabado ali mesmo, antes da metade do primeiro tempo. Recado enviado, recado recebido. Os dois times estavam completamente entendidos. Mas, como o árbitro insistiu em adiar o final conhecido por todos, o Palmeiras seguiu no controle.

Ainda que o time não desse nenhum sinal de que viveria perigosamente, as arquibancadas do Palestra adorariam a tranquilidade trazida por mais um gol. Esperaram até os últimos minutos do jogo. Impossível encontrar um palmeirense que diga que não valeu a pena.

O River Plate bateu escanteio do lado direito. Marcos deu um soco na bola, tirando-a da área. Da lateral para a ponta esquerda, um passe encontrou Paulo Nunes em alta velocidade. Ele recebeu, ajeitou e arriscou um lançamento que cruzou a área, até chegar a Alex. Depois de dominar com o pé direito, o craque fez o que ninguém esperava.

Com um zagueiro bloqueando o caminho para o gol, as opções mais comuns eram três: um drible em direção à linha de fundo, preparando um cruzamento; um drible para dentro, preparando um chute; ou um passe para Euller, que aguardava, de frente para o gol, desmarcado.

Mas Alex não é comum. E o chute, em curva – que passou ao lado do zagueiro, fez o goleiro de bobo e encontrou a rede lateral –, também não foi.

Os dois gols contra o River Plate são os pontos altos da atuação que Alex classifica como uma das melhores de sua carreira. É muito provável que tenha sido mesmo o melhor jogo da vida dele.

Todavia, o melhor ano da carreira de Alex não foi 1999. Foi 2003, com a camisa do Cruzeiro. Na temporada em que ajudou o clube a conquistar 3 títulos, Alex jogou muito, e muitas vezes.

Fez gols fantásticos, como um "de letra" contra o Flamengo, na final da Copa do Brasil, completando o cruzamento da direita.

Naquele ano, o torcedor tinha duas certezas a cada jogo: Alex faria algo belo e o Cruzeiro venceria.

Que jogador!

Nome: Alexsandro de Souza
Nascimento: 14/9/1977, em Curitiba (PR)
Clubes: Coritiba (1995-1997), Palmeiras (1997-2000, 2001-2002), Flamengo (2000), Parma-ITA (2002), Cruzeiro (2002-2004), Fenerbahçe-TUR (desde 2004)
Seleção Brasileira: 1998-2005 (48 jogos, 12 gols)

amarildo

Cada dividida poderia ser a última, nada o fazia tirar o pé.

NO INÍCIO DA CAMPANHA que lhe valeu o apelido de "Possesso", Amarildo estava calmo até demais.

Era a terceira partida do Brasil na Copa do Mundo de 1962, contra a Espanha. O atacante do Botafogo, conhecido pelo gênio explosivo, parecia sob efeito de calmantes.

O Brasil tinha vencido o México na estreia e empatado com a Tchecoslováquia. Mas a grande preocupação era Pelé. Uma lesão na virilha, no jogo contra os tchecos, era o fim da linha para o Rei, no Chile. Alguém teria de substituir o melhor jogador de todos os tempos em plena Copa do Mundo.

O técnico Aymoré Moreira escolheu Amarildo e o escalou no jogo contra os espanhóis. Aos 23 anos, ele estreava no Mundial, no lugar de Pelé, num jogo que a Seleção Brasileira precisava vencer.

Quem poderia criticá-lo por estar meio "fora do ar"?

O alarme soou no final do primeiro tempo. Um zagueiro espanhol lhe falou umas bobagens e mandou uma cusparada em sua camisa. Um erro de proporções históricas.

A Espanha, que vencia por 1 x 0, deve ter percebido que o jogador que voltou do vestiário com a camisa 20 do Brasil não era o mesmo do primeiro tempo. Era igual, mas não o mesmo.

Em duas jogadas de Garrincha, uma de cada lado do campo, Amarildo marcou os gols da virada. O primeiro, completando um cruzamento rasteiro da esquerda. O segundo, de cabeça, depois de Mané humilhar os espanhóis na ponta direita.

O Brasil estava classificado para as quartas de final. A alegria era tamanha que, enquanto Amarildo tomava banho no vestiário, Pelé entrou de roupa debaixo do chuveiro para abraçá-lo.

A ordem de jogar "como no Botafogo" não foi difícil de ser cumprida. Os companheiros de clube, Didi, Garrincha e Zagalo, estavam por perto para ajudá-lo.

Amarildo ainda faria mais um gol no Mundial do Chile, justamente na decisão do título, contra a Tchecoslováquia, que o Brasil venceu por 3 x 1.

Garrincha e Vavá foram os principais nomes do bicampeonato, mas Amarildo foi o principal apelido. Nélson Rodrigues o chamou de "Possesso", pela fúria que demonstrou em campo.

Amarildo também foi bicampeão carioca, em 1961-1962, pelo Botafogo. No campeonato de 1961, fez 2 gols na vitória por 3 x 0 na decisão contra o Flamengo e terminou como artilheiro, com 18. Com Didi, Garrincha, Quarentinha e Zagalo, formou o que é considerado o melhor ataque da história do clube.

Depois da Copa do Mundo, Amarildo foi fazer sucesso na Itália por nove anos. No Milan, jogou no time que foi derrotado pelo Santos na Copa Intercontinental de 1963, em três partidas.

Pela Fiorentina, ajudou na conquista do segundo e último título italiano do clube, em 1968/1969. Ainda jogou uma temporada na Roma, antes de voltar ao Brasil, onde encerrou a carreira no Vasco, aos 34 anos.

Amarildo não era uma figura amedrontadora, com 1,67 metro e 68 quilos. Mas a valentia que havia dentro dele era anormal. Cada dividida poderia ser a última, nada o fazia tirar o pé. E, quando a temperatura do jogo subia, era melhor deixá-lo quieto.

Ninguém é chamado de "Possesso" por acaso.

Nome: Amarildo Tavares da Silveira
Nascimento: 29/7/1939, em Campos dos Goytacazes (RJ)
Clubes: Goytacaz (1956-1957), Flamengo (1958), Botafogo (1959-1963), Milan-ITA (1963-1967), Fiorentina-ITA (1967-1971), Roma-ITA (1971-1972), Vasco (1973-1974)
Seleção Brasileira: 1961-1966 (22 jogos, 6 gols)

andrade

Andrade era a saída de bola com qualidade, o passe preciso, o lançamento bem-feito.

EM UM TEXTO SOBRE o duelo Flamengo x Botafogo, publicado pela revista *Placar* em 1991, Bussunda relatava como se lembrava da adolescência. Marcado por uma goleada de 6 x 0, aplicada pelos alvinegros ao seu Flamengo, em 1972, passou nove anos à espera da revanche. Perdeu a virgindade, tirou carteira de motorista, título de eleitor e continuava faltando alguma coisa, dizia Bussunda.

Era a vingança do Flamengo.

E então, em 1981, o Flamengo inaugurou uma goleada extraordinária sobre o velho rival. Quando chegou aos 5 x 0, o Maracanã inteiro pediu:

– Mais um, mais um! – E a bola sobrou para Andrade. – Andrade, o número 6, autor do gol número 6.

Com Andrade, o mundo de Bussunda – e da nação rubro-negra – ficava completo.

Mais que isso, com um volante clássico como Andrade, o fantástico time do Flamengo, que conquistou tudo entre o segundo semestre de 1981 e o primeiro semestre de 1982, ficava perfeito.

Andrade era a saída de bola com qualidade, o passe preciso, o lançamento bem-feito.

Ou a arrancada da defesa para o ataque. Em 1988, jogando pela Seleção Brasileira dirigida por Carlos Alberto Silva, disputava um amistoso contra a Áustria, em Viena. Dominou a bola na intermediária e partiu em disparada, enfileirando jogadores. Passou por cinco zagueiros austríacos e pelo goleiro, antes de completar a obra de arte.

O gol ajudou a fazer com que fosse negociado com a Roma, e o fracasso na capital italiana atrapalhou sua convocação para a Copa do Mundo de 1990. O resultado é a lacuna em sua biografia: nunca disputou um Mundial.

Andrade é um símbolo rubro-negro, mas jogou no Vasco. Em 1989, numa rápida passagem por São Januário, eternizou seu nome na história do Campeonato Brasileiro. Já tinha 4 títulos nacionais (3 Campeonatos Brasileiros e 1 Copa União – o campeonato de futebol mais importante

realizado no Brasil, em 1987) com a camisa rubro-negra, ganhou o quinto como reserva do Vasco e se tornou o primeiro jogador com tantos títulos brasileiros no currículo – a marca foi igualada por Zinho, em 2003.

Rodou ainda por clubes como o Bacabal, do Maranhão, antes de voltar a ter uma vida tipicamente rubro-negra. Como um dos velhos ídolos do Flamengo, Carlinhos (que jogava na mesma posição que a sua) passou a vagar entre a sede social do clube e os vestiários do time profissional. Foi técnico dos juvenis, dos juniores, assumiu interinamente o time principal e virou um amuleto para os momentos de aflição. Em 2004, como técnico, substituiu Ricardo Gomes e livrou o Flamengo do rebaixamento nas rodadas finais do Brasileirão.

Uma trajetória que produz injustiças por parte de quem não conhece a história. Como o goleiro Bruno, protagonista de uma briga num treino na Gávea, em 2009. Bruno acusou Andrade de nunca ter vencido nada como treinador (meses antes de conquistarem, juntos, o Campeonato Brasileiro). Como se isso fizesse diferença na carreira de um craque que, entre tantos feitos, produziu o alívio da vingança a uma geração inteira de rubro-negros.

Nome: Jorge Luiz Andrade da Silva
Nascimento: 21/4/1957, em Juiz de Fora (MG)
Clubes: Flamengo (1975-1988), Roma-ITA (1988-1989), Vasco (1989-1990), Bacabal (1992)
Seleção Brasileira: 1983-1989 (9 jogos, 1 gol)

barbosa

É COMUM, NO FUTEBOL, carreiras inteiras serem definidas por um momento.

Jairzinho e a Copa de 1970, Romário e a de 1994, Ronaldo e a volta por cima de 1998 para 2002.

São só três exemplos, todos muito felizes. Quanto mais procurarmos, mais encontraremos.

Goleiros raramente têm esse luxo. O sucesso de um goleiro, excluídas as exceções que se contam nos dedos, é momentâneo, efêmero, dura até a próxima falha.

Goleiros não podem errar. Quando erram, todos pagam. E não há como aliviar a agonia de quem, ao se colocar sobre a linha do gol, perdeu o direito de ser humano. Porque, mesmo quando, publicamente, um companheiro se posiciona para evitar a crucificação, a história responde que é tarde demais.

Na lista dos goleiros crucificados, não há caso semelhante ao de Barbosa. Um momento trágico definiu não apenas sua carreira, mas sua vida.

Um gol do Uruguai, na final da Copa de 1950, foi o começo e o fim de sua trajetória.

Injustiça? Claro que sim. Independentemente de Barbosa ter falhado ou não no lance que deu o título aos uruguaios. Uma injustiça cometida bilhões de vezes, a cada menção ao nome do goleiro da Seleção Brasileira naquela Copa. E que continuará sendo cometida.

Quando uma criança começa a gostar de futebol e se interessa pelos grandes jogadores do passado, ouve maravilhas sobre

Na lista dos goleiros crucificados, não há caso semelhante ao de Barbosa.

eles. Com Barbosa, não é assim. Barbosa foi um dos melhores goleiros de sua época. E o que sempre se dirá a respeito dele são variações sobre um gol sofrido no Maracanã e sobre o que ele significou.

"Barbosa foi um ótimo goleiro, mas levou..."

"Barbosa levou... mas era um ótimo goleiro."

Não importa a ordem. O legado de Barbosa está restrito ao silêncio do Maracanazzo.

Aos trinta e quatro minutos do segundo tempo, o ponta-direita Alcides Gigghia foi lançado, invadiu a área e bateu forte, rasteiro, rente à trave esquerda do gol do Brasil. O mesmo Gigghia tinha cruzado para Schiaffino marcar o gol de empate do Uruguai, treze minutos antes. Barbosa apostou em outra bola cruzada e foi surpreendido pelo chute. O Uruguai venceu por 2 x 1.

A discussão sobre a culpa pela mais famosa derrota da Seleção Brasileira, como é frequente quando o assunto é futebol, ainda não acabou. Provavelmente não acabará. E, mesmo que o tempo se encarregue de apagar o que se disse e se pensou ao longo de mais de meio século, não terá efeito algum a favor de Barbosa. Apenas mudará a frase para algo do tipo "Foi um ótimo goleiro, levou o gol do Maracanazzo e, mesmo sem culpa no lance, foi crucificado".

Armando Nogueira escreveu que Barbosa "é a criatura mais injustiçada na história do futebol brasileiro". O próprio Barbosa considerava-se "condenado à prisão perpétua", num país em que a pena máxima para um criminoso é de 30 anos de cadeia. Assim ele se sentiu até o dia 7 de abril de 2000, quando morreu, em Santos.

A questão é que Barbosa não cometeu crime nenhum.

Nome: Moacir Barbosa Nascimento
Nascimento: 27/3/1921, em Campinas (SP)
Falecimento: 7/4/2000, em Santos (SP)
Clubes: ADCI (1940-1941), Ypiranga (1942-1944), Vasco (1945-1955, 1957), Bonsucesso (1956), Santa Cruz (1956), Campo Grande (1958-1960)
Seleção Brasileira: 1945-1953 (20 jogos)

bebeto

A pressão para ser o novo Zico atrasou um pouco a explosão de Bebeto.

A CLASSE E O ESPÍRITO DE DECISÃO foram algumas vezes negados a José Roberto Gama de Oliveira. Por exemplo, quando o pênalti contra o Valencia, na última rodada do Campeonato Espanhol da temporada 1993/1994, foi deixado de Bebeto para o sérvio Djukic.

– Eu não era o cobrador oficial – cansou de dizer Bebeto, que repetiu a explicação no programa *Bola da Vez*, da ESPN Brasil, em 2002.

Bebeto não era homem de decisão?

Então explique os 4 gols marcados nos 4 jogos decisivos do Flamengo, na reta de chegada da Copa União de 1987. O Atlético Mineiro, adversário da semifinal, era dirigido por Telê Santana e estava invicto. Mas perdeu para o Flamengo, digo, para Bebeto, por 1 x 0, no Maracanã.

No jogo de volta, no Mineirão lotado e tenso – uma pedrada atingiu o lateral Leandro Silva, do Flamengo, no início da partida –, Bebeto repetiu a dose e os rubro-negros alcançaram o improvável lugar na decisão contra o Inter. Zico e Renato Gaúcho ajudaram com mais um gol cada. Mas Bebeto foi fundamental para a vitória por 3 x 2.

Nas duas partidas decisivas contra o Internacional, Bebeto marcou no empate por 1 x 1, no Beira-Rio, e na vitória por 1 x 0, no Maracanã. Bebeto, campeão brasileiro.

O talento apareceu quatro anos antes, durante o Campeonato Sul-Americano Sub-20, em 1983. Era titular como meia-esquerda e logo deixou o Vitória, contratado pelo Flamengo para ser o herdeiro de Zico. Meses depois, mas ainda antes da estreia na Gávea, virou centroavante na campanha do título mundial de juniores, conquistado no mesmo estádio Azteca em que a Seleção, com Pelé, conquistou o tri entre os adultos, em 1970.

A pressão para ser o novo Zico atrasou um pouco a explosão de Bebeto. Mesmo assim, entre entradas e saídas da equipe principal, foi convocado por Evaristo de Macedo para a seleção adulta, em 1985. As primeiras convocações foram cercadas de turbulência, não por sua culpa, mas porque a Seleção oscilava nas mãos de Evaristo. O treinador fez 6 jogos, com 2 vitórias, 2 empates, 2 derrotas. Em uma das derrotas, para o Peru, em Brasília, Bebeto era titular. Em alguns lugares do país, como no estado de São Paulo, dizia-se que o garoto não podia jogar pela Seleção.

Blasfêmia!

Nove anos depois, titular absoluto, autor de gols decisivos na campanha da Copa América de 1989 – o Brasil ganhou a taça e quebrou um jejum de quarenta anos –, Bebeto ajudou o Brasil a ganhar o tetra. O lance mais simbólico aconteceu nas oitavas de final, contra os Estados Unidos. Romário carregou três marcadores norte-americanos e fez o passe preciso para o lado direito. Bebeto chutou seco, no canto do goleiro Tony Meola.

Ainda faltavam três jogos para o título mundial. A vitória foi dura, mais difícil do que se planejava. E, na festa, a dupla ofensiva mais talentosa do planeta jurou amor eterno:

– Eu te amo! – disse Bebeto, flagrado pelas câmeras e olhando os olhos do Baixinho.

Naquele instante, o amor de 150 milhões de brasileiros ia em outra direção. "Eu te amo, Bebeto!"

Nome: José Roberto Gama de Oliveira
Nascimento: 16/2/1964, em Salvador (BA)
Clubes: Vitória (1983), Flamengo (1983-1989), Vasco (1989-1992), Deportivo de La Coruña-ESP (1992-1996), Flamengo (1996), Sevilla-ESP (1997), Cruzeiro (1998), Vitória (1998), Botafogo (1999-2000), Toros Neza-MEX (2000), Kashima Antlers-JAP (2000), Vitória (2001-2002), Vasco (2002), Al Ittihad-SAU (2003)
Seleção Brasileira: 1985-1998 (75 jogos, 39 gols)

belini

> O gesto da taça levantada sobre a cabeça do capitão brasileiro imortalizou-se.

BELINI ENTROU NA HISTÓRIA DO FUTEBOL por vestir uma faixa e criar um gesto. Capitão da Seleção Brasileira que pela primeira vez conquistou o título mundial, Belini recebeu a taça e, diante de uma multidão de fotógrafos, ouviu um deles pedindo que a levantasse. O gesto da taça levantada sobre a cabeça do capitão brasileiro imortalizou-se. Quase por acaso.

Não foi o acaso, no entanto, que levou Belini a vestir a camisa 2 e a braçadeira de capitão. Não era um exemplo de elegância com a bola nos pés, porém impressionava pelo sentido de cobertura. Mas não tinha medo de chutar de bico, se fosse preciso.

Na decisão da Copa, se houvesse necessidade de jogar sujo, não havia problema. Um lance marcante é o do capitão subindo com os braços estendidos para evitar, com as mãos, que o lançamento do sueco Liedholm ameaçasse o goleiro brasileiro Gilmar dos Santos Neves. Como não havia ainda aplicação de cartão amarelo, o lance serviu apenas como proteção para a defesa do Brasil.

No retorno ao país, virou herói de sua cidade natal, a pequena Itapira, no interior paulista. Tão grande quanto o amor de sua cidade era o carinho da torcida do Vasco. Fez história em São Januário, onde chegou em 1952 e passou dez anos. Vinha do modesto Sanjoanense, clube da Segunda Divisão de São Paulo. Saiu de Itapira, descoberto pelo olheiro Mauro Xavier da Silva. Passou três anos em São João da Boa Vista, antes de ser descoberto pelo Vasco. Em dez anos, conquistou os títulos cariocas de 1952, 1956 e 1958. Este último, um torneio épico, num campeonato que terminou com empate na classificação final entre Flamengo, Vasco e Botafogo e exigiu dois triangulares para apontar o campeão.

Antes dessa decisão, Belini já era o eterno capitão. A finalíssima contra o Flamengo aconteceu em janeiro de 1959, um empate por 1 x 1 em que Roberto Pinto foi o herói vascaíno por marcar o gol do título e Belini, o xerife da zaga, espantando os atacantes rubro-negros.

Belini passaria mais quatro anos no Vasco antes de se transferir para o São Paulo. O tricolor havia negociado com o Santos o clássico Mauro Ramos de Oliveira, reserva de Belini na Copa de 1958. A trajetória dos dois caminhou lado a lado por anos a fio. Mauro também passou pelo Sanjoanense, que revelou Belini. Ambos jogaram juntos nas Copas de 1958 e 1962, e Belini transferiu-se para o São Paulo para substituí-lo.

Mesmo veterano – já tinha 32 anos –, Belini fez história nos primeiros anos do Morumbi. Não conseguiu dar o título ao tricolor, que gastava mais dinheiro com tijolos e cimento para erguer seu estádio que com jogadores capazes de ajudar Belini a levantar outra taça. Depois da Jules Rimet e do supercampeonato carioca de 1958, o grande capitão só seria campeão novamente em 1970, no Atlético Paranaense. No velho estádio Joaquim Américo, com Djalma Santos, fez o clube de Curitiba encerrar um jejum de doze anos sem troféus. Na capital paranaense, recuperou o gesto imortal. Com as mãos sobre a cabeça, ergueu o troféu, repetindo o feito que o mundo inteiro copiou.

Nome: Hideraldo Luiz Belini
Nascimento: 7/6/1930, em Itapira (SP)
Clubes: Sanjoanense (1949-1952), Vasco (1952-1962), São Paulo (1962-1967), Atlético Paranaense (1968-1970)
Seleção Brasileira: 1957-1966 (51 jogos, 0 gol)

branco

NO MUNDO DO FUTEBOL, muitas vezes o preconceito atrapalha a vida dos negros. É assim na Rússia, onde o Zenit não os contrata, e em boa parte da Europa. Em Bagé, na adolescência do lateral Cláudio Ibrahim Vaz Leal, o preconceito era diferente. Num time de várzea totalmente composto de negros, o garoto Cláudio recebeu o apelido por sua cor: Branco.

Foi com esse nome que fez fama no futebol brasileiro. Branco era lateral seguro na defesa, na equipe de garotos formada no Fluminense por Cláudio Garcia para a Taça Guanabara de 1983. Um ano antes, o clube havia sido alvo de campanha da revista *Placar* chamada S.O.S. Flu. Sem dinheiro nem perspectiva, a saída tricolor foi encontrar jovens talentosos. Entre eles, Branco.

Seis meses depois de montada a equipe de meninos, o Fluminense já havia conquistado a Taça Guanabara, o Campeonato Carioca – com mudança no comando técnico e Cláudio Garcia substituído por Carbone – e revelado jogadores para o futuro, como o zagueiro Ricardo Gomes, o volante Jandir, o lateral Branco. A base da equipe que seria tricampeã carioca em 1985. Com os garotos, o "Casal 20", Washington e Assis, e, a partir do segundo ano, o paraguaio Romerito, que se tornaria a principal referência do timaço dirigido por Carlos Alberto Parreira na conquista do Brasileirão de 1984.

De todos, o mais talentoso era o lateral que, três anos mais tarde, estava em sua primeira Copa do Mundo. Camisa 17 às costas, foi ele quem recebeu

> Num time de várzea totalmente composto de negros, o garoto Cláudio recebeu o apelido por sua cor: Branco.

o brilhante passe de Zico no segundo tempo das quartas de final contra a França. Branco sofreu pênalti do goleiro francês Bats. Cobrado por Zico, o pênalti foi defendido e iniciou o drama da eliminação brasileira.

Mais quatro anos, e Branco dessa vez vestia a camisa 6. Era incontestável na lateral esquerda e ainda cobrava faltas com maestria. Mesmo assim, não evitou o fracasso nas oitavas de final, com a derrota para a Argentina, de Maradona.

Em 1994, Branco já convivia com as lesões e a proximidade do fim de carreira. Sofria com dores contínuas nas costas e foi preparado para entrar na equipe a partir das quartas de final. Foi escalado logo depois da expulsão de Leonardo contra os Estados Unidos. A emergência coincidiu com sua recuperação.

Branco estreou contra a Holanda, nas quartas, com toda a imprensa questionando como seria marcar o ponta Overmars, da equipe laranja. Marcou e ainda ofereceu problemas para o ponta a cada um de seus avanços. Num deles, sofreu a falta que, cobrada por ele mesmo, o transformou em herói da classificação para as semifinais. A primeira semifinal brasileira em dezesseis anos de Copas do Mundo.

Branco ainda converteria um dos pênaltis da decisão contra a Itália e seguiria a carreira com passagens por clubes grandes do Brasil, como Corinthians, Flamengo e Fluminense. No decorrer da vida, também seguiu como dirigente do Fluminense e, nessa função, ajudou o clube a chegar ao único título de Copa do Brasil, em 2007, e à única decisão de Libertadores, em 2008.

Nome: Cláudio Ibrahim Vaz Leal
Nascimento: 4/4/1964, em Bagé (RS)
Clubes: Fluminense (1983-1988), Brescia-ITA (1988-1991), Porto-POR (1991-1993), Genoa-ITA (1992-1993), Grêmio (1993), Fluminense (1994), Corinthians (1994), Flamengo (1995), Middlesbrough-ING (1997)
Seleção Brasileira: 1985-1995 (72 jogos, 9 gols)

cafu

Ninguém joga catorze anos pelo Brasil sem qualidade, regularidade e vitalidade.

CAMPEONATO PAULISTA? OK.

Campeonato Brasileiro? Ok.

Copa Libertadores da América? Ok.

Copa Intercontinental? Ok.

Campeonato Italiano? Ok.

Liga dos Campeões da Uefa? Ok.

Mundial de Clubes da Fifa? Ok.

Copa das Confederações? Ok.

Copa América? Ok.

Copa do Mundo? Ok.

Agora responda: quantos jogadores de futebol podem dizer isso?

Cafu pode. Ganhou todos esses títulos. Alguns mais de uma vez.

Quando você é o recordista de atuações pela Seleção Brasileira (148 jogos), isso significa que passou muito tempo jogando em alto nível. Em clubes grandes, em times bons. Significa também que você tem muita saúde e sempre soube cuidar dela. Ninguém joga catorze anos pelo Brasil sem qualidade, regularidade e vitalidade.

Mas nada disso é garantia de títulos. Ser campeão tantas vezes num esporte coletivo é uma questão, como se costuma dizer, de "estrela".

Estrela que Cafu certamente tinha, mas que, aos olhos dos técnicos que o avaliaram quando criança, nem sempre brilhou. Deve ter sido defeito de visão dos "professores".

Cafu foi rejeitado em quase uma dezena de testes em categorias de base de clubes como Corinthians, Palmeiras e Santos, antes de chegar ao São Paulo, onde foi campeão da Taça São Paulo de futebol júnior em 1988.

Convencido por Telê Santana a migrar do meio de campo para a lateral, a mudança serviu apenas para determinar em que setor do gramado Cafu estaria no primeiro apito do árbitro. Bola rolando, ele seria visto em todos os cantos.

Um amistoso realizado no Morumbi, em março de 1993, entre São Paulo e Sevilla, é uma das provas históricas da capacidade de adaptação de Cafu. O jogo serviu para comemorar a entrega das faixas do título intercontinental conquistado em Tóquio e teve a presença de Diego Armando Maradona, então meia do clube espanhol.

A defesa do São Paulo foi escalada com Zetti, Vitor, Adilson, Ronaldão e Ronaldo Luís. O meio de campo, com Pintado, Dinho, Palhinha e Raí. O ataque, com Catê e Cafu. Sim, ele jogou como atacante.

Alguém poderá dizer: "Ora, era um jogo festivo, que não deve ser levado em conta para qualquer análise séria." Talvez. Mas um comentário de Maradona, ao final do jogo, ficou registrado:

– Cafu é impressionante.

No ano seguinte, na primeira Copa que disputou, a tal estrela de Cafu não pôde ser ignorada por ninguém. Jorginho machucou-se no primeiro tempo da final contra a Itália. Cafu foi campeão do mundo jogando a decisão.

Ele seria o dono absoluto do lado direito da defesa da Seleção Brasileira por mais doze anos e outras três Copas. Ganhou duas (uma como capitão, em 2002), foi vice em outra, transformando-se no único jogador a atuar em três finais de Mundiais.

O filho do Jardim Irene, que viu tantas portas se fecharem no início, ganhou tudo. Fosse europeu, estaria imortalizado.

Mas Cafu é brasileiro. Dizem que ele não sabia cruzar nem chutar.

Imagine se soubesse.

Nome: Marcos Evangelista de Moraes
Nascimento: 7/6/1970, em São Paulo (SP)
Clubes: São Paulo (1989-1994), Juventude (1994-1995), Real Zaragoza-ESP (1995), Palmeiras (1996-1997), Roma-ITA (1997-2003), Milan-ITA (2003-2008)
Seleção Brasileira: 1990-2006 (148 jogos, 5 gols)

canhoteiro

> Canhoteiro era isso – um rei do drible.

SE VOCÊ NÃO TEM IDEIA da importância de Canhoteiro, preste atenção a duas canções. Uma delas é *O futebol*, de Chico Buarque. A canção cujos versos falam da tabela de Didi para Pagão, para Pelé... e Canhoteiro.

Um dos gênios da música brasileira criou uma jogada imaginária entre alguns dos maiores craques a que assistiu. E lá estava o ponta-esquerda maranhense, que brilhou no São Paulo dos anos 50.

A outra canção é mais recente, tem o nome do jogador e ficou famosa na parceria entre Zeca Baleiro e Raimundo Fagner, em 2004. "Mais um zagueiro vai pro chão, esse já era, não levanta mais... outros virão."

Canhoteiro era isso – um rei do drible.

– Fazia pela esquerda o que Garrincha fazia pela direita, com uma vantagem: colocava a bola onde queria.

A frase pertence ao falecido historiador são-paulino, Agnello di Lorenzo, que se lembra de ter visto o craque da ponta esquerda tricolor fazer embaixadas com laranjas ou controlar moedas com o pé esquerdo e lançá-las para o alto até encaixá-las no menor dos bolsos da calça comprida.

Canhoteiro chegou do Paysandu para o São Paulo em 1954. Foi titular da campanha do título paulista de 1957, mas sofreu com os anos de fila do São Paulo. O clube preocupava-se com a construção do Morumbi e gastava dinheiro com jogadores medianos em vez de colocar ao lado de seu mágico ponteiro craques do mesmo potencial.

Assim, o restante de sua trajetória pelo Tricolor, que acabou em 1963, deu-se em meio a disputas tímidas. Em 1957, no entanto, foi o grande protagonista, ao lado de Zizinho, de um título que parecia perdido.

Na decisão, o São Paulo venceu o Corinthians por 3 x 1. Zizinho, aos 35 anos, chegou para dar os últimos chutes de alto nível de sua carreira. Virou o grande lançador de Canhoteiro. E morreu falando bem do jogador que ajudou a consagrar.

Pela Seleção, disputou dezesseis partidas, três delas às vésperas da Copa do Mundo de 1958. Poderia ter feito parte do grupo campeão mundial na Suécia, mas

Vicente Feola – que o conhecia de perto porque trabalhava no São Paulo – preferiu Zagalo e Pepe.

Canhoteiro teria quase passado em branco pela história do futebol brasileiro, não fossem as testemunhas oculares de seus dribles. Gente que lotava o Pacaembu exclusivamente para vê-lo em ação. Torcedores que nunca se esqueceram dos beques estirados no chão, humilhados pelas jogadas geniais.

Como Chico Buarque em suas tardes de adolescência paulista, no Pacaembu lotado, ou como Raimundo Fagner e Zeca Baleiro, este de ouvir os relatos mais antigos. Canhoteiro era como eles cantaram: "No grande baile do futebol, só um artista, um canhoteiro, acende a tarde, inventa o sol."

Nome: José Ribamar de Oliveira
Nascimento: 24/9/1932, em Coroatá (MA)
Clubes: Paysandu (1954), São Paulo (1954-1963)
Seleção Brasileira: 1955-1959 (16 jogos, 1 gol)

careca

Estamos falando aqui de um artilheiro certificado.

O QUE ESTÁ ACONTECENDO quando um jogador de apenas 17 anos, em sua temporada de estreia, faz o gol do único título brasileiro de um clube do interior?

Simples: está nascendo um dos mais espetaculares artilheiros do futebol mundial.

Ninguém podia fazer essa afirmação, com certeza, em 13 de agosto de 1978, quando o Guarani venceu o Palmeiras por 1 x 0 e conquistou o Campeonato Brasileiro. O herói do título foi um garoto chamado Careca, autor do gol, aos trinta e seis minutos de jogo, pegando de primeira um rebote do goleiro Gilmar.

Mas o futuro mostrou que aquele dia foi só o começo. Que, ainda adolescente, o garoto já reunia técnica, velocidade, categoria e uma extraordinária capacidade de farejar o gol. O jovem já sabia que tinha tantas qualidades, e, como também não lhe faltava confiança, sua postura foi muitas vezes confundida com presunção, máscara. Engano de quem, talvez, não acreditasse no que estava vendo.

Careca era tão bom que o desafio de substituir Serginho, o maior artilheiro da história do São Paulo, não o amedrontou. No início, problemas físicos o atrapalharam um pouco, mas a espera da torcida foi recompensada. Em quatro anos, ajudou o clube a ganhar 3 títulos, entre eles 1 Campeonato Brasileiro (1986), em que foi o artilheiro e o melhor jogador.

Naquela campanha, entre os 25 gols que Careca marcou, há exemplos de todos os tipos, para todos os gostos. De longe, de perto, de cabeça, pé esquerdo, pé direito, gols que qualquer um faria, gols que só ele faria. Gols decisivos

como o que levou o segundo jogo da final (contra o Guarani, ironia!) para a disputa de pênaltis. Um chutaço de pé esquerdo, na mesma rede que ele balançou em 1978.

O portfólio de Careca em 1986 talvez seja a galeria de gols que melhor demonstre a variedade do arsenal desse atacante raro. Careca poderia escrever um livro sobre como vitimar goleiros.

O sucesso o levou ao futebol italiano, onde, no Napoli, formou uma dupla dos infernos com Diego Maradona. O imortal argentino jamais deixa de mencioná-lo quando fala sobre os melhores jogadores com os quais atuou. Juntos, fizeram do time do sul do país uma sensação. Ganharam um Campeonato Italiano e uma Copa da Uefa, com gol de Careca na decisão contra o Stuttgart.

Antes de encerrar a carreira, no Santos, em 1997, Careca jogou no Japão.

Pela Seleção, perdeu a Copa de 1982 por causa de uma lesão muscular na fase final de preparação. Foi titular nos Mundiais de 1986 (5 gols, vice-artilheiro) e 1990.

Estamos falando aqui de um artilheiro certificado. Uma espécie de molde que serve para identificar aquele tipo de atacante que não é apenas referência dentro da área, mas que sabe jogar e ser perigoso longe do gol. Que não tem defeitos nos fundamentos e faz tudo bem-feito.

Toda vez que surge um jogador assim, o nome de Careca inevitavelmente é usado como ilustração. Como o potencial máximo a ser atingido.

Até hoje, não apareceu outro.

Nome: Antônio de Oliveira Filho
Nascimento: 5/10/1960, em Araraquara (SP)
Clubes: Guarani (1978-1982), São Paulo (1983-1987), Napoli-ITA (1987-1993), Kashiwa Reysol-JAP (1994-1997), Santos (1997)
Seleção Brasileira: 1982-1993 (60 jogos, 29 gols)

carlos alberto

O ROSTO É DE MENINO, mas aparece à frente de jogadores mais experientes, como Castilho e Procópio, na subida dos vestiários para o gramado do Maracanã. É Carlos Alberto, ainda uma revelação no Fluminense dirigido por Tim, que conquistou o título carioca de 1964. Em sua primeira experiência num grande clube brasileiro, Carlos Alberto já dava um grande sinal do que marcaria sua carreira: a liderança.

Sim, porque era ele quem puxava a fila, dava o grito, empurrava a equipe ao ataque. Às vezes, ele mesmo se lançava em direção ao gol adversário, estilo difícil de empregar no jogo dos anos 60.

Aquele Flu foi campeão, mas não ficou na história pelo brilho individual. Suas características eram o jogo coletivo e as vitórias magras, a maior parte delas por 1 x 0 ou 2 x 1.

O campeonato revelou o talento emergente de Amoroso, que já havia passado pelo Botafogo sem o mesmo brilho. E apresentou ao Brasil o futebol de Carlos Alberto.

Em 1965, o lateral já vestia a camisa 4 do Santos para começar a reforma daquele que fora o maior time do planeta na primeira metade da década. Carlos Alberto entrou no lugar do curinga Lima; Toninho Guerreiro começou a ganhar um lugar no ataque, na vaga de Coutinho; Clodoaldo passou a vestir a camisa 5 na vaga de Zito, e assim nasceu a segunda versão do Santos de Pelé.

Era ele quem puxava a fila, dava o grito, empurrava a equipe ao ataque.

Com Cejas, Carlos Alberto, Ramos Delgado, Joel Camargo e Rildo; Clodoaldo e Negreiros; Manoel Maria, Toninho, Pelé e Edu, o Santos chegou ao tricampeonato paulista entre 1967 e 1969.

Claro, daí nasceu a base da Seleção que disputaria a Copa de 1970. Em 1969, João Saldanha tomou posse na CBD e anunciou o time titular para a sua estreia. Para as *feras do Saldanha*, o Santos cedeu Pelé e Djalma Dias, além de Carlos Alberto, para o time titular.

Da estreia de Saldanha até a final da Copa de 1970, Carlos Alberto jogou todas as partidas da Seleção, coisa que nem Pelé conseguiu – no amistoso contra a Bulgária, no Morumbi, Pelé ficou no banco com a camisa 13.

Nesse período, Carlos Alberto deu demonstrações de talento e de liderança. Contra a Inglaterra, na segunda partida da Copa, viu o ponta Lee acertar propositadamente o goleiro Félix, do Brasil. Carlos Alberto precisou de cinco minutos para dar o revide. A entrada na perna do ponta inglês serviu como símbolo de uma equipe que possuía mais que imensa qualidade técnica. Tinha fibra.

A técnica fica evidente no lance que você conhece e que define o tricampeonato da Seleção. O Brasil já vencia a Itália por 3 x 1 quando Clodoaldo saiu driblando no campo de defesa. Dali, o passe para o lado esquerdo até a bola cair com Jairzinho. O Furacão da Copa carregou a marcação de Facchetti até a entrada da área e rolou para Pelé. Do Rei, o passe para Carlos Alberto fuzilar.

Se você prestar atenção, a bola desvia ligeiramente no morrinho e chega na altura perfeita para o petardo de Carlos Alberto Torres.

A bola o procurava.

Nome: Carlos Alberto Torres
Nascimento: 17/7/1944, no Rio de Janeiro (RJ)
Clubes: Fluminense (1963-1966), Santos (1966-1974), Botafogo (1971) Fluminense (1974-1977), Flamengo (1977), California Surf-EUA (1981), Cosmos-EUA (1982)
Seleção Brasileira: 1964-1977 (52 jogos, 8 gols)

casagrande

> "Volta, Casão, teu lugar é no Timão! Volta, Casão, teu lugar é no Timão!"

EM 3 DE OUTUBRO DE 1993, o Flamengo visitou o Corinthians no Pacaembu pela sétima rodada do Campeonato Brasileiro.

Numa tarde fria e chuvosa, 35.624 pessoas foram ao estádio paulistano. E, como é tradicional, a maioria de corintianos pôs-se a cantar o nome dos jogadores do time no momento em que as equipes foram para o campo.

O jogo já tinha começado quando mais um cântico nasceu nas arquibancadas e cresceu por quase todo o Pacaembu: "Doutor, eu não me engano, o Casagrande é corintiano..."

Não havia nada anormal na homenagem ao ídolo, com uma adaptação da letra que o corintiano costuma usar para falar sobre o próprio coração.

Anormal foi a reação do homenageado. Em campo, Casagrande fingiu que não ouviu. Nenhum aceno para a Fiel, nem mesmo um sorriso. Como se ele não se chamasse Casagrande ou se a música não fosse para ele.

O motivo não foi nenhum problema de audição ou excesso de concentração. Casagrande ouviu muito bem o recado da torcida. Ele só não podia fazer nada além de captar a mensagem, processá-la e esforçar-se ao máximo para bloquear seu efeito.

O Pacaembu percebeu o que estava acontecendo e fez nova tentativa. Dessa vez, da forma mais clara possível: "Volta, Casão, teu lugar é no Timão! Volta, Casão, teu lugar é no Timão!"

Sim. Naquela tarde, a torcida do Corinthians estava homenageando um jogador adversário. Casagrande era jogador do Flamengo.

Era, mas não era. Ao comentar, após a derrota por 1 x 0, a rara manifestação do torcedor, Casagrande reclamou de uma espécie de "golpe baixo", como se o objetivo das loas fosse desestabilizá-lo emocionalmente em pleno jogo. Situação parecida com o reencontro de ex-namorados numa festa, em que o rapaz, acompanhado, se dá conta de que a coisa está malresolvida.

Casagrande foi, é e sempre será corintiano. E a torcida do Corinthians sempre o tratará como tal.

Foi no Parque São Jorge que ele surgiu, no início dos anos 80, marcando 4 gols na primeira vez em que vestiu a camisa do time profissional como titular.

E foi para o mesmo parque que ele levou, em 1982 (ano em que foi artilheiro do campeonato, com 28 gols) e 1983, 2 títulos paulistas conquistados contra o São Paulo, com festa alvinegra no Morumbi.

O jovem Casão também contribuiu para o movimento da "Democracia Corintiana", oásis na relação entre jogadores e um clube de futebol no Brasil.

A técnica, o senso de colocação, o oportunismo e o compromisso com o gol eram sérios problemas para as defesas adversárias. A garra e o temperamento explosivo, sempre genuíno, faziam a arquibancada sentir-se representada no gramado.

Casagrande não fez sucesso só no Corinthians, onde marcou 103 gols em 256 jogos. Teve uma curta e elogiada passagem pelo São Paulo. Foi bem-sucedido em Portugal e na Itália. Disputou a Copa do Mundo do México, em 1986.

Mas o que se viu no Pacaembu naquela tarde em 1993 captura a essência futebolística de um centroavante "puro de origem". O resultado do jogo, também.

O Corinthians ganhou com um gol de cabeça de Rivaldo, no segundo tempo. Após uma cobrança de falta na ponta esquerda, ele subiu sozinho dentro da pequena área. No caminho para o gol, antes de cruzar a linha, a bola tocou num jogador do Flamengo.

Era Casagrande. Gol do Corinthians.

Evidentemente involuntário, totalmente apropriado.

Nome: Walter Casagrande Júnior
Nascimento: 15/4/1963, em São Paulo (SP)
Clubes: Corinthians (1980-1981, 1982-1983, 1985-1986, 1994), Caldense (1981), São Paulo (1984), Porto-PRT (1986-1987), Ascoli-ITA (1987-1991), Torino-ITA (1991-1993), Flamengo (1993), Paulista (1995), São Francisco (1996)
Seleção Brasileira: 1985-1986 (19 jogos, 8 gols)

clodoaldo

> Você só vai encontrá-lo vestindo duas camisas: a do Santos e a da Seleção Brasileira.

CLODOALDO FAZ PARTE DE UMA pequena classe de jogadores que podem dizer que passaram toda a carreira no mesmo clube.

Você só vai encontrá-lo vestindo duas camisas: a do Santos e a da Seleção Brasileira.

Era um volante clássico, que marcava com eficiência, mas que também participava das jogadas de ataque com um nível de criatividade incomum aos jogadores atuais da posição.

Se jogasse hoje, alguns prefeririam chamá-lo de meia.

Mas, em 1966, quando saiu com 17 anos das categorias de base do Santos e apareceu no time "de cima" para jogar entre seus ídolos, Clodoaldo era, definitivamente, um volante.

Zito, uma das figuras centrais do esquadrão que ganhou todos os títulos imagináveis no início da década, era o proprietário da camisa 5, o gerente do time. Quando deixou o Santos, em 1968, Zito sabia que seu sucessor não o decepcionaria.

Clodoaldo assumiu seu lugar no meio de campo do time, mostrando a compostura de quem parecia ser muito mais experiente. Foi tricampeão paulista (1967-1969) e chegou à Seleção.

Na Copa do México, titular com apenas 20 anos, teve três momentos marcantes. O primeiro foi o gol de empate contra o Uruguai, nas semifinais.

O Brasil perdia por 1 x 0 e lidava com a ressurreição dos fantasmas de 1950. No final do primeiro tempo, Clodoaldo deu um passe lateral para Tostão, na ponta esquerda, e correu para a área. A perfeita devolução de Tostão, de curva, encontrou o volante entre os zagueiros. Com um toque de pé direito, Clodoaldo empatou o jogo e tranquilizou o time brasileiro, que acabou vencendo por 3 x 1.

Os outros dois momentos aconteceram na decisão contra a Itália. Pelé tinha marcado o primeiro gol do Brasil, numa linda cabeçada. Clodoaldo fez uma jogada arriscada no campo de defesa e tentou um passe de calcanhar. Boninsegna interceptou a bola, fintou Piazza, ganhou uma dividida com Brito e Félix e empatou o jogo aos trinta e cinco minutos do primeiro tempo.

O erro embaraçoso perturbou Clodoaldo por todo o intervalo e por mais vinte e um minutos da segunda etapa, quando Gérson fez 2 x 1.

Após o terceiro gol brasileiro, de Jairzinho, e com a vitória e o título garantidos, Clodoaldo redimiu-se com uma jogada de efeito bem-sucedida.

Recebeu a bola de Gérson e fintou quatro jogadores italianos no campo de defesa, começando a jogada que terminou com o golaço de Carlos Alberto Torres.

Campeão do mundo aos 20 anos, Clodoaldo tinha idade para pelo menos outras duas Copas. Mas problemas nos joelhos encurtaram sua carreira. Perdeu o Mundial de 1974 por causa de uma lesão, apesar de considerar que a decisão de cortá-lo do grupo fora uma precipitação do técnico Zagalo e do médico Lídio Toledo.

Os últimos títulos de seu currículo foram os Campeonatos Paulistas de 1973 e 1978, conquistados com a única camisa de clube que vestiu.

Nome: Clodoaldo Tavares Santana
Nascimento: 25/9/1949, em Aracaju (SE)
Clube: Santos (1966-1978)
Seleção Brasileira: 1969-1974 (38 jogos, 1 gol)

coutinho

> Coutinho não era apenas o parceiro perfeito do Rei. Era um driblador tão hábil e um finalizador tão preciso que as pessoas o confundiam com Pelé.

COUTINHO ESTÁ NA HISTÓRIA DO FUTEBOL como um inventor.

O centroavante campeão de tudo com o sobrenatural time do Santos dos anos 60 é dono de metade da patente da jogada que no Brasil é chamada de "tabelinha".

A outra metade é de Pelé.

Dizem que os dois criaram a tabelinha nas ruas, quando meninos. Moravam na mesma pensão, em Santos, e iam a pé para os treinos na Vila Belmiro. A cada passo, a bola fazia o trajeto de um para o outro, passando por cima de gente, driblando carros, sem jamais deixar de obedecer aos comandos dos dois craques.

Quando transportaram a troca de passes para o gramado, os adversários ficavam pelo caminho como se fossem postes, alguns até rindo da própria incapacidade de conter movimentos tão bem-sincronizados.

Na próxima vez em que você vir uma tabelinha começar longe do gol, atravessar o campo intocada pela marcação e terminar na rede, aplauda. Mas não se esqueça de pagar, mesmo que seja apenas em pensamento, os direitos autorais a quem a concebeu.

Coutinho não era apenas o parceiro perfeito do Rei. Era um driblador tão hábil e um finalizador tão preciso que as pessoas o confundiam com Pelé. Para facilitar a identificação e evitar que dezenas de gols fossem creditados ao jogador errado (afinal, aquele time fazia muito mais gols do que se podia crer...), passou a usar um esparadrapo em volta do pulso esquerdo.

Foi apelidado de "gênio da pequena área" por causa das barbaridades que fazia perto do gol. Aquela pequena faixa do gramado, quase sempre povoada por defensores assustados, era, para ele, um gigantesco salão de jogos. Espaço mais que suficiente para dribles curtos, fintas de corpo e outras maldades. Colocava-se tão bem que os coitados, quando o viam, já estavam tragicamente atrasados.

Os goleiros, última barreira antes do repetitivo balançar da rede, também sofreram em seus pés. Coutinho era um verdadeiro professor do chute que entrava no ângulo e/ou da bola que parecia defensável; estimulava o pobre arqueiro a se lançar em voo, mas estava sempre dois dedos além do alcance.

Dos 370 gols em 457 jogos disputados pelo Santos (faça os cálculos e assuste-se com a média), muitos foram produtos de toques mansos que cruzavam a linha vagarosamente, cruéis com quem jogava e torcia contra ele. Em sua carreira, não há registro de gols perdidos por falta de pontaria ou por falta de inteligência.

Coutinho não jogou só no Santos, mas os anos em que se vestiu todo de branco foram tão extraordinários que definem sua carreira. Ele foi o centroavante de um time que não era desse mundo, um time que os não santistas pagavam para ver.

Pense num título importante, qualquer um. Seja qual for sua escolha, Coutinho o conquistou pelo menos duas vezes. Tabelando com Pelé, como faziam nas ruas de Santos.

Nome: Antônio Wilson Vieira Honório
Nascimento: 11/6/1943, em Piracicaba (SP)
Clubes: Santos (1958-1968, 1970), Portuguesa (1969), Atlas-MEX (1971), Bangu (1971-1972), Saad (1973)
Seleção Brasileira: 1960-1965 (15 jogos, 6 gols)

dadá maravilha

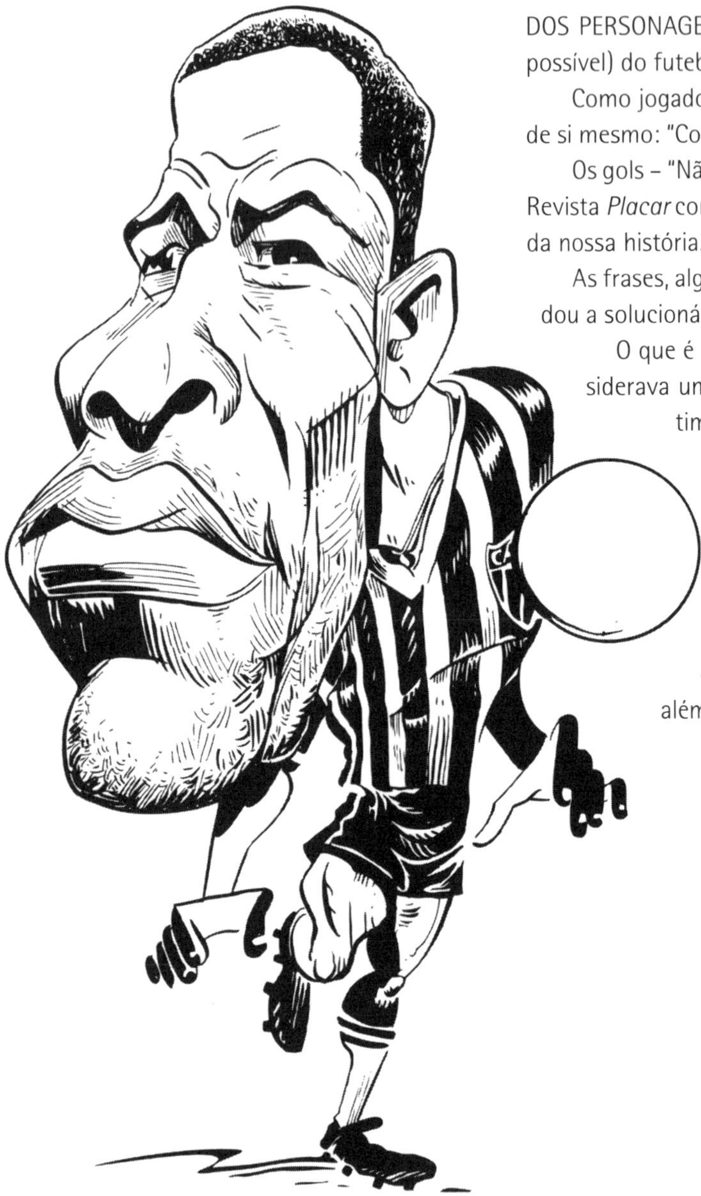

DOS PERSONAGENS FOLCLÓRICOS (por favor, leia o adjetivo no melhor sentido possível) do futebol brasileiro, Dadá Maravilha é, de longe, o mais bem-sucedido.

Como jogador, Dadá tinha dois propósitos: fazer gols e criar frases a respeito de si mesmo: "Com Dadá em campo, não há placar em branco."

Os gols – "Não existe gol feio, feio é não fazer gol" –, na lista dele, foram 926 (a Revista *Placar* contabiliza 559), que lhe dariam o crachá de terceiro maior artilheiro da nossa história. Acima de Dadá, só Pelé e Romário.

As frases, algumas famosíssimas – "Não me venha com a problemática, que eu dou a solucionática" –, você já está acompanhando neste texto.

O que é incrível sobre este "artilheiro das palavras" é que ele não se considerava um jogador de futebol, mas um centroavante profissional – "Num time de futebol existem nove posições e duas profissões: o goleiro e o centroavante". Para Dadá, o campo era apenas a grande área.

Centroavantes são (ou deveriam ser), por definição, especialistas no momento mais importante do futebol. Ganham a vida com participações curtas, porém decisivas. Mal tocam na bola, mas tocam na bola que interessa. Passam a maior parte do tempo como espectadores, mas na hora H são os protagonistas. Vivem de talento e eficiência. Deles, não se cobra nada além do último toque antes do grito.

Ele não se considerava um jogador de futebol, mas um centroavante profissional.

Uma das principais virtudes de Dadá era a autoanálise: "Chuto tão mal que, no dia em que eu fizer um gol de fora da área, o goleiro deve ser eliminado do futebol." A correta noção da própria capacidade resultou na supressão de seus defeitos e no investimento exclusivo em suas qualidades. Elas estavam, todas, bem próximas do gol, e num plano mais alto que o da maioria. Dadá era formado no gol e pós-graduado no gol de cabeça.

A altura avantajada era meio caminho saltado. A outra metade estava nas pernas. Jogadores altos, normalmente, não se preocupam em aprimorar ainda mais a vantagem que levam sobre quem tem de olhar para cima para vê-los. Dadá não se dava por satisfeito por ter 1,85 metro. Trabalhou em sua impulsão para eliminar zagueiros e concorrentes. Era o dono do espaço aéreo da grande área – "Quando eu saltava, o zagueiro podia ver o número da minha chuteira".

Mas a certificação como exímio cabeceador não se devia apenas ao tamanho e à força de propulsão de Dadá. Havia um segredo, um trunfo, que o separava do restante do mundo do futebol. Ele era capaz de voar – "Só três coisas param no ar: o beija-flor, o helicóptero e Dadá Maravilha".

Sua popularidade era tamanha que, involuntariamente, Dadá foi o pivô de uma crise entre os ocupantes dos cargos mais importantes do país. Durante a preparação para a Copa do Mundo de 1970, o presidente da República opinou sobre as escolhas do técnico da Seleção Brasileira. O general Emílio Médici queria ver Dadá no time de João Saldanha.

Saldanha respondeu dizendo algo como "Eu não escalo o ministério dele e ele não escala a minha seleção". Saldanha perdeu o emprego antes da Copa (Zagalo, que o substituiu, levou Dadá ao México), e há quem acredite que a rusga com o governo militar teve influência na mudança de treinador.

Dadá foi o artilheiro – "Nunca aprendi a jogar futebol, pois perdi muito tempo fazendo gols" – de três edições do Campeonato Brasileiro, recorde que ainda não foi superado. Jogou em muitos clubes, mas sempre será ídolo do Atlético Mineiro e do Internacional.

Nome: Dario José dos Santos
Nascimento: 4/3/1946, no Rio de Janeiro (RJ)
Clubes: Campo Grande (1967-1968), Atlético Mineiro (1968-1972, 1974, 1978-1979, 1983), Flamengo (1973-1974), Sport (1974-1975), Internacional (1976-1977), Ponte Preta (1977-1978), Paysandu (1979), Náutico (1980), Santa Cruz (1981), Bahia (1981, 1983), Coritiba (1981-1982), Nacional (1984), XV de Piracicaba (1984-1985), Douradense (1985), Comercial de Registro (1986)
Seleção Brasileira: 1970-1976 (6 jogos, 0 gol)

dener

A NOITE QUENTE DE QUARTA-FEIRA, fim de primavera, terminava com jogo modorrento no Canindé. O empate por 0 x 0 entre Portuguesa e Inter de Limeira começava a encaminhar o Corinthians para a decisão do Campeonato Paulista. Foi quando Dener apanhou a bola no meio de campo e partiu em velocidade. Passou por dois zagueiros, deu um drible da vaca no terceiro e, quando o goleiro ameaçou sair em seu pé, tocou por cobertura.

O gol espetacular fez o torcedor português correr pelo corredor da tribuna de imprensa do Canindé, esbanjando seu carregado sotaque lusitano.

– Igual a este gol, nunca vi aqui dentro!

Nem Maradona havia visto igual, quando, já no ocaso de sua carreira, desfilando o resto de seu talento com a camisa do Newell's Old Boys, recebeu o Vasco para um amistoso em Rosário. Dener transpirava juventude e exibia o mesmo talento daquela noite de quarta-feira, no Canindé. Pela ponta, enfileirou cinco jogadores do Newell's, antes de cruzar. O amistoso terminou com placar 0 x 0. Mas Dener ficou famoso na Argentina pelos aplausos que recebeu de Diego Maradona.

Contudo, o destino não quis ver Dener jogando mais tempo. O acidente que o matou na manhã de 18 de abril de 1994, aos 23 anos recém-completados, juntou seu nome àqueles desaparecidos da história, a não ser pelos depoimentos de pais e avós que se encantaram no passado. Exemplos como o de Maneco, craque do América dos anos 40, eternizado apenas pelo depoimento de José Trajano. Como o de Isaías, craque do Madureira e do Vasco, de talento

Espetáculos em todos os jogos.

precocemente encerrado pela tuberculose. Dener, gênio dos tempos modernos, não parou pela violência dos zagueiros ou por novas doenças. Parou com seu Mitsubishi em um poste da Lagoa Rodrigo de Freitas.

Naquele mesmo ano, o Vasco cumpria campanha impecável em busca do tricampeonato carioca, o primeiro de sua história. Dener fazia dupla com Valdir, e William e Yan formavam o meio de campo. Mas ninguém queria saber de outro jogador senão Dener.

Espetáculos em todos os jogos, embora se cobrasse dele o desempenho adequado nos jogos mais duros, nos clássicos.

Como se Dener negasse fogo na hora mais complicada. Esqueciam-se os críticos do desempenho assombroso de Dener no Campeonato Gaúcho do ano anterior. Emprestado pela Portuguesa, disputou o Gauchão pelo Grêmio e arrebentou com as defesas mais ferrenhas do interior. Acabou campeão.

Naquele início de 1994, entre um e outro jogo encantado, Dener era nome cobrado nas colunas assinadas por Matinas Suzuki na *Folha de S.Paulo*. Cobrava o colunista um ataque de sonhos, formado por Müller, Romário, Bebeto e Ronaldo, em companhia do endiabrado meia vascaíno. Não deu tempo. Dener não formou a equipe do tetra, de futebol insosso nos campos dos Estados Unidos. Em vez disso, deve estar fazendo os anjos rirem de seus dribles mágicos. Ou o aplaudirem, como um dia fez Diego Armando Maradona.

Nome: Dener Augusto de Souza
Nascimento: 2/4/1971, em São Paulo (SP)
Falecimento: 18/4/1994, no Rio de Janeiro (RJ)
Clubes: Portuguesa (1988-1993), Grêmio (1993), Portuguesa (1993), Vasco (1994)
Seleção Brasileira: 1991 (2 jogos, 0 gol)

dida (goleiro)

Tamanho, elasticidade e velocidade de reação fazem dele uma ameaça para os batedores.

NAS SEMIFINAIS do Campeonato Brasileiro de 1999, Corinthians e São Paulo enfrentavam-se no Morumbi.

O Corinthians vencia por 3 x 2, graças a um pênalti convertido por Marcelinho.

Aos trinta e seis minutos do segundo tempo, toque de mão na área, pênalti para o São Paulo.

As reclamações dos corintianos foram protocolares, pelo óbvio risco de ver o jogo empatado nos minutos finais. O cobrador oficial do São Paulo era Raí. Da marca penal, o camisa 10 do São Paulo era um gol automático.

Se os jogadores do Corinthians soubessem que seu goleiro estava no início de uma sequência inédita na história do clube, teriam deixado o árbitro em paz.

Raí ajeitou a bola, já com o relógio marcando trinta e sete minutos, e voltou até a risca da grande área. Correu e bateu de chapa no canto esquerdo, não tão rente à trave como ele gostaria. Mas não faria muita diferença, pois Dida defenderia o chute da mesma forma.

Já nos acréscimos ao tempo regulamentar, outro pênalti para o São Paulo. Vibração tricolor e desespero alvinegro em grandes doses. Mal sabiam, todos, que Dida estava no completo controle da situação.

Dois passos para dentro do gol, o goleiro olhou para os lados para se certificar de que estava no lugar certo. Posicionou-se sobre a linha, olhou para Raí, flexionou as pernas e voou, dessa vez para o canto direito. A bola foi ao encontro dele.

Dizem alguns corintianos que aqueles foram os dois únicos pênaltis que Raí perdeu na carreira. Não foram. A memória de Raí informa que ele desperdiçou outros dois.

Mas foi a única vez que ele perdeu dois pênaltis no mesmo jogo.

As duas defesas fazem parte de uma série de quatro pênaltis defendidos por Dida, um recorde. Antes do clássico, ele pegou uma cobrança de Marcelo Souza, do Guarani. Depois, rejeitou a do francês Nicolas Anelka no jogo contra o Real Madrid, pelo Mundial de Clubes da Fifa.

Tamanho, elasticidade e velocidade de reação fazem dele uma ameaça para os batedores. Desde as categorias de base do ASA, de Arapiraca, passando pelo

Vitória (onde foi vice-campeão brasileiro em 1993) e pelo Cruzeiro (mesma colocação, em 1998).

Dida não precisa arriscar em qual canto o adversário vai bater. Se a cobrança não for perfeita, em força e direção, ele pega. Coloque-se no lugar de quem tem de enfrentá-lo...

Sua magia nos pênaltis ajudou o Corinthians a conquistar o Campeonato Brasileiro de 1999, o Mundial de Clubes de 2000 (pegou a cobrança de Gilberto na decisão contra o Vasco) e a Copa do Brasil de 2002 (semifinal contra o São Paulo).

O Milan também agradece. Dida garantiu o título da Liga dos Campeões da Uefa de 2003, ao defender nada menos que três pênaltis na final contra a Juventus.

Suas qualidades como goleiro são muitas. Não fossem tantas, ele não teria sido eleito, pela Fifa, o segundo melhor do mundo em 2006 e o terceiro melhor em 2007.

Mas é especialmente na hora de defender um pênalti que Dida parece ter mais de 1,95 metro. E o gol parece ser bem menor.

Nome: Nelson de Jesus Silva
Nascimento: 7/10/1973, em Irará (BA)
Clubes: Vitória (1992-1993), Cruzeiro (1994-1998), Lugano-SUI (1998-1999), Corinthians (1999-2000 e 2002), Milan-ITA (2000-2001 e desde 2002)
Seleção Brasileira: 1995-2006 (91 jogos)

dida

A HISTÓRIA CORREU OS LIVROS e a memória de torcedores rubro-negros presentes ao Maracanã naquele início de 1956. Dida, menino franzino, alagoano, cabeça chata, lançado na fogueira no princípio de carreira pelo bruxo paraguaio Fleitas Solich. O técnico confiava em seu talento – apenas em seu talento. E lançou o garoto na finalíssima.

No jogo anterior, goleada do América por 5 x 1, com atuação soberba do paraguaio Alarcón. O antídoto para o ameaçador time americano? Dida.

Naquele dia, o jovem craque alagoano fez três gols. Alguns rubro-negros mais fanáticos juram até hoje que foram quatro. Um deles numa bola disputada. Entraram na jogada Duca, Evaristo, Dida...

– O gol foi meu – jura Evaristo.

As fichas técnicas publicadas na época dividem-se entre Duca e Dida. Quatro gols após entrar numa final, na fogueira?

Nem precisa. Dida ficou maior que a lenda: virou o maior goleador do Flamengo, com 263 gols, até Zico quebrar seu recorde, em 1979.

Zico nasceu em 1953 e tinha 3 anos quando Dida arrebentou o América e foi um dos muitos rubro-negros a

Nunca mais se viu um futebol envolvente como o de Dida pelos campos do Brasil.

ouvir do pai a mágica história do craque do tricampeonato de 1955. Dida virou o craque do imaginário de Zico. O ídolo da infância do garoto de Quintino. (Curioso que o homem a lançar Zico no time titular do Flamengo, em 1971, quinze anos depois da final contra o América, tenha sido o mesmo Fleitas Solich.)

E foi mais que isso.

Dida foi o homem que barrou Pelé. No início da campanha do título mundial de 1958, Pelé era banco, Dida o titular. Jogou só contra a Áustria, deu a vaga à dupla Vavá e Mazola, a partir do segundo jogo, e Pelé só entrou na terceira rodada, contra a União Soviética.

Não mostrou o brilho dos primeiros dias de Flamengo. E foi campeão do mundo.

Dida seguiu sua carreira num período ruim no rubro-negro. Sem títulos entre 1955 e 1963, acabou deixando a Gávea em 1964 e seguiu para a Portuguesa. Não era um período de declínio. Ao contrário, a Portuguesa montou um dos maiores times da sua história, à base de jogadores consagrados no futebol carioca. O goleiro Orlando, o lateral Jair Marinho, o zagueiro Wilson Silva, o lateral Edílson, o meio de campo com Pampolini e Nair, o ataque com uma dupla formada por Dida e Henrique Frade, seu velho companheiro no Flamengo. A cereja do bolo era um craque paulista: Ivair. Na ponta esquerda, jogava tanto que merecia o apelido de Príncipe, referência ao Rei, que fazia parte do outro candidato ao título, o Santos.

O time fantástico brigou pelo título paulista até a última rodada, quando caiu na Vila Belmiro por 3 x 2. Até hoje, os velhos torcedores da Portuguesa questionam um pênalti não marcado em Ivair, que poderia ter levado a taça para o Canindé. Foram 54 gols com a camisa da Lusa antes de receber uma proposta para sair do país. Foi jogar na Colômbia, pelo Atlético Junior.

Não, nunca mais se viu o futebol envolvente do início de carreira. Não, também nunca mais se viu um futebol envolvente como o de Dida pelos campos do Brasil.

Nome: Edvaldo Alves de Santa Rosa
Nascimento: 26/3/1934, em Maceió (AL)
Falecimento: 17/9/2002, no Rio de Janeiro (RJ)
Clubes: CSA (1950-1954), Flamengo (1954-1963), Portuguesa (1964-1966), Atlético Junior-COL (1966-1968)
Seleção Brasileira: 1958-1961 (4 jogos, 4 gols)

didi

> Não há falhas em seu jogo inteligente, clássico, nobre até.

PENSE NUM MEIO-CAMPISTA.

Um jogador elegante, que não precisa olhar para o chão para saber onde a bola está. Passos largos, passes precisos, dribles desconcertantes.

Ele lidera seu time na conquista de uma Copa do Mundo, com atuações tão brilhantes, tão completas, que recebe da imprensa estrangeira o apelido de "Sr. Futebol".

Não há falhas em seu jogo inteligente, clássico, nobre até. Sua postura ereta e longas passadas inspiram um escritor compatriota a chamá-lo de "Príncipe Etíope".

E sua maneira peculiar de cobrar faltas, de forma a iludir os goleiros, ganha a patente de uma invenção sob o nome de "folha-seca".

Parece um craque, não?

No entanto, antes de finalizar seu conceito sobre esse jogador, saiba que ele não ganhou apenas uma Copa, mas duas.

Craque? Didi provavelmente era mais que isso. Ao longo dos tempos, o termo vem sendo escrito ao lado de tantos nomes que talvez não o mereçam, que é melhor procurarmos outro.

Pelé e Garrincha têm suas impressões digitais espalhadas pelo título mundial de 1958. Mas foram liderados, dentro e fora do campo, por Didi.

Foi o armador que, com Zito e Nilton Santos, convenceu a comissão técnica a escalar os dois gênios na Suécia.

A Seleção nem estaria lá se não fosse por ele. No último jogo das eliminatórias para a Copa, o Brasil não conseguia sair do 0 x 1 contra o Peru, num tenso Maracanã. Já no final, falta. Didi cobrou direto para o gol. O chute saiu alto, dando a clara impressão de que passaria por cima do travessão. De repente, caiu dentro do gol. Era a "folha-seca", pela semelhança da trajetória da bola com as folhas enrugadas que se soltam dos galhos e iludem quem tenta apanhá-las.

O homem era tão bom que acrescentou um volume à biblioteca do futebol.

Ao final da campanha do primeiro título mundial, os europeus o apelidaram com o nome do jogo. Só isso.

Didi foi bicampeão do mundo no Chile, em 1962.

Jogou e foi campeão carioca no Fluminense (1951) e no Botafogo (1957-1961 e 1962). O tricolor não o compreendeu bem. Havia quem o achasse sonolento, caprichoso demais. No alvinegro, foi o grande maestro de um time que não era apenas um time, mas metade da Seleção Brasileira.

Entre uma Copa do Mundo e outra, Didi jogou também no Real Madrid. Mas problemas de relacionamento com outros astros, Di Stefano e Puskas, sabotaram sua passagem pela Espanha.

A capacidade de controlar o jogo, ditar o ritmo, determinar como e quando um time de futebol vai envolver e superar o adversário sempre foi (e será) valorizada a peso de ouro. Os poucos jogadores que a possuem são, normalmente, os "fazedores de diferença" em suas equipes. Pense nos grandes times de futebol da história e sempre haverá, no meio de campo, alguém que os fazia funcionar.

Didi era mestre nessa arte, com a fleuma de um lorde da bola.

Nome: Valdir Pereira
Nascimento: 8/10/1928, no Rio de Janeiro (RJ)
Clubes: Americano (1946), Lençoense (1946-1948), Madureira (1948-1949), Fluminense (1949-1956), Botafogo (1957-1959, 1960-1962, 1964, 1964-1965), Real Madrid-ESP (1959-1960), Sporting Cristal-PER (1963), São Paulo (1964, 1966), Veracruz-MEX (1965-1966)
Seleção Brasileira: 1952-1962 (68 jogos, 20 gols)

"Um jogador elegante, que não precisa olhar para o chão para saber onde a bola está. Passos largos, passes precisos, dribles desconcertantes."

dino sani

OS TIMES BRASILEIROS QUE FICARAM FAMOSOS por ter Dino Sani o escalavam sempre no início da formação do meio de campo. Dino e Didi, na Seleção que começou a Copa de 1958. Ou Dino, Vítor e Riberto, a linha média do São Paulo, campeão paulista de 1957.

Dá a impressão equivocada de que Dino era simplesmente um volante. Era muito mais que isso.

As formações italianas em que Dino atuou dão uma noção mais clara do quilate de seu futebol. Lá, o volante brasileiro aparecia como meia, mais avançado. Ou mesmo como centromédio, mas com estilo clássico, o que fazia com que aqueles que lhe assistiram nos campos da Itália o definissem numa única palavra: *regista.* Era assim que os italianos definiam os gigantes.

O mais clássico meia-direita da história do futebol da Itália – já escreveram por lá. Um jogador que se recusava a correr, que apenas andava, mas que jamais se eximiu de pensar.

Surgiu no Palmeiras em 1950, depois de ter corrido pelos campos do XV de Jaú e Comercial. No Parque Antártica, recebeu poucas chances, o que provocou sua venda para o São Paulo. Lá, foi brilhante. Em 1957, formou com Zizinho um dos setores de meio de campo mais clássicos da história do Brasil. Dino lançava, passava, não errava. Zizinho corria e lançava, como permitiam seus 35 anos, que o aproximavam do final de seus dias nos gramados.

– O que sempre gostei foi de jogar. E jogava por prazer.

Do São Paulo seguiu para apenas treze jogos pelo Boca Juniors, em 1961. Fez parte de um time formado por brasileiros, que reunia também Maurinho, seu ex-companheiro no São Paulo, Édson, ex-zagueiro do América, Orlando, zagueiro com quem jogou no Mundial da Suécia. Passou seis meses em Buenos Aires, levado por Geraldo Sanella, misto de jornalista de ciclismo na Itália e empresário de jogadores. Era já uma ponte para o Milan, onde se consagraria.

Disputou apenas 3 temporadas no futebol italiano, ganhou 1 título nacional, 1 Copa dos Campeões, disputou 62 partidas da Série A, marcou 14 gols. E retornou para iniciar sua trajetória como criador de novos craques.

Em 1965, quando era volante do Corinthians, formou a primeira dupla de meio de campo com um dos maiores gênios da história do futebol: Roberto Rivelino. Mais tarde, como técnico do Internacional, pinçou das divisões de base e colocou para jogar no time de cima outro dos eternos craques do Brasil: Paulo Roberto Falcão.

Se quando jogador Dino era clássico, como técnico passou a ser um observador atento, especialmente para quem tinha qualidade como ele.

– Nunca vi um técnico com tanta facilidade para descobrir e lançar jovens talentos – diz Cristóvão Colombo, procurador de Falcão e dirigente do Inter nos tempos em que Dino comandava a equipe.

Se Dino preferia o tempo de descobridor de talentos ou o período em que era craque?

– O que sempre gostei foi de jogar. E jogava por prazer.

Quem o viu em ação nunca teve a menor dúvida.

Nome: Dino Sani
Nascimento: 23/5/1932, em São Paulo (SP)
Clubes: Palmeiras (1950-1953), São Paulo (1953-1961), Boca Juniors-ARG (1961), Milan-ITA (1962-1964), Corinthians (1965-1967)
Seleção Brasileira: 1957-1966 (15 jogos, 1 gol)

dirceu lopes

O PONTA JOÃOZINHO foi um dos maiores ídolos do Cruzeiro e responsável pelo lance mais genial da história do clube. Na decisão da Copa Libertadores de 1976, antecipou-se a Nelinho numa cobrança de falta. Irritou o técnico Zezé Moreira, que repreendeu seu comportamento moleque, mesmo que a jogada tenha resultado em gol. O gol do título da Libertadores de 1976.

A festa de Joãozinho, mais que merecida, ficou marcada por detalhes dados pelo craque sobre sua relação com o time do coração. Pelas inúmeras vezes em que aplaudiu Dirceu Lopes.

Naquela campanha do primeiro título continental celeste, Dirceu Lopes ainda fazia parte do elenco. Era colega de Joãozinho. Mas não jogou, recuperando-se de uma lesão que o incomodou durante todo o semestre. Companheiro de Joãozinho, seguiu sendo seu ídolo.

Dirceu foi a grande referência do nascimento da grande equipe do Cruzeiro, com Tostão. A equipe de jovens craques que mudou a história do futebol de Minas Gerais tinha um gênio vestindo a camisa 8 e outro a 10. O dono do número místico era Dirceu Lopes.

Dirceu era o meia-armador, o jogador de passes longos, lançamentos precisos, mas também de arrancadas fantásticas em direção ao gol.

Dirceu era o meia-armador, o jogador de passes longos, lançamentos precisos, mas também de arrancadas fantásticas em direção ao gol. Era como se a equipe tivesse dois pontas de lança velozes, de grandes jogadas, grandes gols.

Dirceu Lopes viveu sua maior partida contra o Santos, quando o Brasil entendeu que havia algo novo em Belo Horizonte. No primeiro jogo das finais da Taça Brasil de 1966, Zé Carlos fez contra o primeiro do Cruzeiro, Natal fez o segundo e Dirceu Lopes fez o resto. Três gols contra o goleiro bicampeão do mundo, Gilmar dos Santos Neves. E um futebol de outra galáxia.

No segundo jogo, o Santos saiu vencendo por 2 x 0, e o diretor de futebol Modesto Roma seguiu para o vestiário no intervalo tentando tratar do local da partida-desempate.

Foi quando começou a reação cruzeirense. Tostão fez o primeiro, Dirceu Lopes, o gol de empate. E Natal, o gol da vitória.

Tostão foi-se do Cruzeiro em 1972 para o Vasco. Dirceu seguiu em Belo Horizonte para a segunda fase de imenso sucesso. O Cruzeiro foi tetracampeão mineiro entre 1972 e 1975, chegou duas vezes à final do Campeonato Brasileiro, em 1974 e 1975, conquistou a Copa Libertadores, já com o craque como referência fora de campo, não nas quatro linhas.

Só deixou o clube em 1977, numa troca com o Fluminense. Passou um ano nas Laranjeiras, voltou para defender o Uberlândia e ainda fez uma última e inesquecível partida com a camisa celeste. Em dezembro de 1979, num amistoso entre Uberlândia e Cruzeiro, no Parque do Sabiá, disputou um tempo em cada uma das equipes mineiras nas quais atuou. Não fez gol. Mauro Madureira abriu o placar para o Cruzeiro, Mairon César empatou, e o gol da vitória do Cruzeiro foi marcado por... Joãozinho.

O craque que contava histórias do tempo em que via Dirceu Lopes jogar.

Poderia haver homenagem melhor para o maior camisa 10 da história do Cruzeiro?

Nome: Dirceu Lopes Mendes
Nascimento: 3/9/1946, em Pedro Leopoldo (MG)
Clubes: Cruzeiro (1963-1977), Fluminense (1977), Uberlândia (1978-1979), Democrata de Governador Valadares (1981)
Seleção Brasileira: 1967-1975 (14 jogos, 3 gols)

djalma dias

Djalma Dias é o único jogador que venceu todas as partidas jogando pela Seleção Brasileira.

DJALMA JÁ ERA ZAGUEIRO DO PALMEIRAS quando fez seu primeiro jogo pela Seleção Brasileira, em maio de 1962. O desafio era conseguir um lugar no grupo de 22 jogadores que viajariam para o Chile no mês seguinte. Não deu tempo. Zagueiro jovem, aos 23 anos já carregava no currículo o título de primeiro campeão do Estado da Guanabara pelo América. Na prática, o último título carioca do clube, conquistado com a ajuda e a elegância de Djalma Dias.

Naquele 12 de maio de 1962, Djalma entrou aos quarenta e dois minutos do primeiro tempo no lugar de Mauro Ramos de Oliveira, que deixou o campo machucado. O Brasil venceu o País de Gales por 3 x 1.

No Palmeiras, ganhou o título paulista de 1963 e o Rio-São Paulo de 1965 – este último título motivou a CBD a pedir ao esquadrão paulista que se vestisse de amarelo para representar o Brasil na inauguração do Mineirão, um amistoso contra o Uruguai. Ali Djalma fez seu segundo jogo pela Seleção, com vitória por 3 x 0.

O terceiro jogo, um amistoso contra a Hungria por 5 x 3, no Pacaembu. Mais uma partida contra o País de Gales, no Mineirão, em 1966. Nova vitória por 1 x 0. E vieram outros adversários. Goleada por 4 x 0 sobre o Peru, 2 x 1 sobre a Polônia.

Quando disputou seu sétimo jogo pela Seleção, era jogador do Atlético Mineiro, por isso foi convocado pelo técnico Biju para um amistoso contra a Argentina, em que a seleção de Minas representou a CBD. Os mineiros venceram por 3 x 2. A história repetiu-se sob o comando de Iustrich contra a Iugoslávia, no Mineirão. Nova vitória por 3 x 2.

E o sucesso fez com que Djalma fosse uma das feras de João Saldanha, anunciadas no dia da posse do novo treinador da Seleção na CBD, em 1969. Com Saldanha, jogou a partir dos primeiros amistosos. Venceu o Peru por 2 x 1 e 3 x 2, a Inglaterra por 2 x 1, e estreou nas Eliminatórias. Ganhou da Colômbia por 2 x 0, da Venezuela por 5 x 0, do Paraguai por 3 x 0. No segundo turno, 6 x 2 na Colômbia, 6 x 0 na Venezuela e 1 x 0 no Paraguai, na partida que quebrou recorde de público no Maracanã.

E pronto. Depois da classificação, Djalma Dias nunca mais vestiu a camisa da Seleção Brasileira para uma partida contra outra seleção nacional.

Prestou bem atenção?

Não, Djalma Dias nunca fez um mísero gol com a camisa amarela, mas colecionou glórias por todos os clubes por onde passou, incluindo o Santos de Pelé, com quem jogou entre 1969 e 1970.

Ao todo foram 17 partidas de Djalma Dias pela Seleção Brasileira. Ao todo, 17 vitórias.

Não, nem Pelé, nem Garrincha, nem Zico ou Rivelino. Pode procurar em todas as biografias de jogadores brasileiros. Nenhum outro que tenha jogado mais de dez partidas pelo Brasil alcançou o aproveitamento de Djalma Dias.

Se até hoje se diz que Pelé e Garrincha representam a única dupla que terminou invicta a parceria pela Seleção, Djalma Dias fez mais que isso.

Djalma Dias é o único jogador que venceu todas as partidas jogando pela Seleção Brasileira. O único jogador com 100% de aproveitamento.

Nome: Djalma Pereira Dias Júnior
Nascimento: 21/8/1939, no Rio de Janeiro (RJ)
Falecimento: 1.º/5/1990, no Rio de Janeiro (RJ)
Clubes: América (1959-1961), Palmeiras (1962-1967), Atlético Mineiro (1968), Santos (1969-1970), Botafogo (1971-1974)
Seleção Brasileira: 1962-1969 (17 jogos, 0 gol)

djalma santos

Com uma só atuação, Djalma Santos ajudou o Brasil a ganhar o primeiro título mundial e foi eleito o modelo da posição.

ALGUNS DOS PRINCIPAIS MOMENTOS da carreira de Djalma Santos podem ser creditados, simplesmente, ao acaso.

Ou à vontade dos deuses do futebol.

O segundo jogador que mais vezes vestiu a camisa da Portuguesa de Desportos, com 453 atuações, só pôde dar os primeiros passos no Canindé porque o patrão permitiu que ele trabalhasse à noite.

Quando não estava treinando ou jogando, Djalma era sapateiro.

A exigência do chefe com horários poderia ter podado o surgimento de um dos melhores laterais-direitos de todos os tempos.

Mas Djalma Santos não jogava na lateral quando começou na Portuguesa. Seu lugar era o meio de campo, por causa de seu excelente poder de marcação.

Só que uma caríssima – para a época – transação fez Brandãozinho chegar ao clube em 1949. Ótimo na posição que Djalma Santos ocupava, o novo contratado o deslocou para a lateral. Claro que àquela altura ninguém sabia, mas a mudança foi a melhor coisa que poderia acontecer a ele e ao futebol brasileiro.

Pouco tempo depois, teve início a longa carreira de Djalma Santos na Seleção Brasileira. Foram mais de cem jogos, contabilizando não apenas partidas contra seleções nacionais, e quatro Copas do Mundo.

Ele foi escolhido o melhor lateral-direito da Copa de 1954 e só precisou de um jogo para repetir a honra quatro anos depois. Djalma passou quase toda a Copa da Suécia na reserva. O titular era De Sordi. Mas a oportunidade apareceu justamente na hora mais importante, quando De Sordi não teve condições de jogar a final.

Com uma só atuação, Djalma Santos ajudou o Brasil a ganhar o primeiro título mundial e foi eleito o modelo da posição.

Durante sua trajetória nos gramados (jogou até os 42 anos), uma jogada sempre foi sua marca registrada: a cobrança de lateral, arremessando a bola para dentro da área do adversário. A explicação para o lance característico não era apenas treino. Um acidente de trabalho, numa máquina da sapataria, limitou os movimentos de seu pulso. Para compensar, ele aprendeu a lançar a bola com mais força.

Quando foi bicampeão mundial pelo Brasil, em 1962, Djalma já era jogador do Palmeiras, clube no qual também fez história. Foram 491 jogos e muitos títulos em quase dez anos de serviço.

Ele era o protótipo do lateral completo: ótimo na marcação e no apoio, preciso nos cruzamentos para a área e incrivelmente forte. Cruzava o campo quantas vezes fossem necessárias, sem se cansar. E gostava do futebol bem-jogado, de lances plásticos, que ele também sabia fazer. Passou a carreira inteira sem jamais ver um cartão vermelho.

Em 2004, seu nome fez parte do "Fifa 100", lista dos maiores jogadores de futebol vivos, feita para comemorar o centenário da entidade.

Não é exagero dizer que, em qualquer época e sob qualquer critério, Djalma Santos estará sempre entre os melhores.

Ele era tudo que um lateral pode sonhar ser.

Nome: Dejalma dos Santos
Nascimento: 27/2/1929, em São Paulo (SP)
Clubes: Portuguesa (1948-1959), Palmeiras (1959-1968), Atlético Paranaense (1968-1972)
Seleção Brasileira: 1952-1968 (98 jogos, 3 gols)

djalminha

SE VOCÊ SE ENCANTOU COM OS PASSES "sem olhar" de Ronaldinho Gaúcho e não teve a sorte de ver a geração anterior a ele jogar, precisa saber de uma coisa: é bem provável que o repertório de movimentos de Ronaldinho venha de inspiração em alguém que nasceu dez anos antes dele e fazia misérias com a bola quando o futuro melhor do mundo era um adolescente.

Esse alguém se chama Djalminha e jogou muita, mas muita bola. É filho de Djalma Dias, zagueiraço (também presente neste livro) dos anos 60 e 70, e pai de Diego, que segue a linhagem da família.

Djalminha começou no Flamengo, de onde saiu em 1993 após uma briga com Renato Gaúcho, em pleno gramado, durante um Fla-Flu.

Passou pelo Guarani, pelo futebol japonês e chegou ao Palmeiras em 1995, início do melhor período de sua carreira.

Quando se usa a palavra "melhor" a respeito de um jogador do naipe de Djalminha, é necessário que ela seja compreendida no sentido literal. O "ruim" de Djalminha é "bom" para muito jogador que faz sucesso por aí. O "bom" é "muito bom", e o "melhor" é exatamente isso, o melhor nível de futebol que se pode imaginar.

Djalminha faz parte da classe de jogadores que os antigos narradores de rádio tinham em mente quando diziam "Vai começar o espetáculo...". Mistura de entretenimento e competitividade, talento e habilidade.

Vê-lo receber uma bola, seja num jogo, num treino ou numa brincadeira de bobinho, era o suficiente para identificar uma espécie diferente. Uma espécie superior. Naturalmente superior.

Mistura de entretenimento e competitividade, talento e habilidade.

O engraçado é que não dá para explicar direito onde estava a diferença, a superioridade. Era realmente preciso ver (má notícia para quem não conseguiu). O comportamento da bola era um dos sinais mais evidentes. A forma como ela se recusava a fugir, mesmo quando ele dominava os passes mais difíceis. O rolar manso nos dribles milimétricos, a precisão nos lançamentos mais ousados. E, claro, a obediência quase militar nos chutes a gol.

Djalminha foi um meia que executou à perfeição a tese de que "É a bola que deve correr, não o jogador". Não que ele fosse preguiçoso ou deixasse a desejar na condição física. É que ele tinha o vício do bom passe, a bola que atravessava dezenas de metros do campo, ludibriava os adversários e chegava sob medida para um companheiro privilegiado.

Trabalhava com absoluta maestria com o pé esquerdo, comandado por neurônios tão especializados no jogo bonito que muitas vezes surpreendia até quem jogava ao lado dele. Estavam todos ali, um perto do outro, mas Djalminha operava em outra dimensão.

O melhor time em que ele jogou foi o Palmeiras, campeão paulista em 1996. O time que fez 102 gols em 30 jogos (uma média de quase 3,5 por jogo). Djalminha era o cara que pensava, fazia e se divertia num timaço que tinha Cafu, Rivaldo, Müller e Luizão.

Do Palestra Itália, ele foi para a Espanha fazer sucesso no Deportivo La Coruña. Foi campeão espanhol na temporada 1999/2000, primeiro título na história do clube. Mas saiu do Depor após uma discussão, num treino, com o técnico Javier Irureta, em que lhe deu uma cabeçada.

Djalminha poderia ter sido mais, e sabe disso.

Mas não poderia ter jogado mais.

Nome: Djalma Feitosa Dias
Nascimento: 9/12/1970, em Santos (SP)
Clubes: Flamengo (1989-1993), Guarani (1993-1994), Shimizu-JAP (1994), Palmeiras (1995-1997), La Coruña-ESP (1997-2002, 2003-2004), Austria Wien-AUT (2002-2003), América-MEX (2004)
Seleção Brasileira: 1996-2002 (14 jogos, 5 gols)

domingos da guia

Domingos da Guia não só jogaria com o mesmo brilho em qualquer época como provavelmente jogaria no setor do campo que escolhesse.

DOMINGOS DA GUIA, O "DIVINO MESTRE", é um bom trunfo para aquelas intermináveis conversas sobre craques de diferentes eras.

Quando alguém disser que um jogador, seja quem for, não faria sucesso "no futebol de hoje", fale de Domingos da Guia.

Fale sobre um zagueiro central de bom porte físico, uma presença que produz respeito. Fale sobre uma fabulosa quantidade de talento para um jogador de defesa, num tempo em que o pré-requisito para ficar lá atrás era a capacidade de destruir. E fale sobre a audácia de exibir qualidades que muitos meias e atacantes – de qualquer época – não têm.

Fale sobre alguém que jogou futebol nos anos 30 e 40 e é considerado o melhor zagueiro brasileiro de todos os tempos.

Domingos da Guia era aquele cara tão bom que, numa pelada entre amigos, jamais seria escolhido para jogar na defesa. Muito mais inteligente seria colocá-lo no meio de campo e lhe dar a bola, com total liberdade.

Mas há uma grande diferença entre o zagueiro de nascimento e o zagueiro por opção. Domingos era o primeiro caso. Nasceu para ver todo o jogo de frente, ler o posicionamento do adversário e fazer o que nenhum defensor fazia: driblar os atacantes dentro da própria área, antes de entregar a bola com passes precisos.

Aquela conversa de que "zagueiro tem de dar chutão" não se aplicava ao futebol dele. Nem a mentalidade de "afastar o

perigo". Tais demonstrações de desprezo pela bola eram um desperdício da técnica refinada de um defensor superqualificado para a posição.

Domingos tinha ideias melhores, a cada vez que desarmava um adversário, e recuperava o direito de jogar. Suas saídas da área, fintando os atacantes oponentes, eram frequentes, apesar do risco que significavam.

Tanto que foram batizadas com seu nome. Quando um zagueiro avança com a bola pelo campo de defesa, para aflição da própria torcida e preocupação da adversária, diz-se (ou pelo menos se dizia antigamente) que ele executou uma "domingada".

É preciso lembrar que há uma célebre "domingada" que deu errado. Foi na Copa de 1938, na França, em que Domingos tentou driblar um jogador italiano, ficou sem a bola e foi obrigado a fazer um pênalti.

Domingos fez sucesso fora do Brasil, nos tempos do futebol amador. Com 20 anos, foi jogar no Nacional do Uruguai, onde ganhou um título e o apelido de "El Divino Mestre". Foi campeão também na Argentina, pelo Boca Juniors.

No Brasil, foi ídolo no Flamengo por sete anos, jogando com Leônidas da Silva e Zizinho. Seu lugar na Seleção Brasileira de todos os tempos está garantido, mesmo que tenha feito poucos jogos pelo time nacional. Disputou a Copa do Mundo de 1938, na França.

Domingos da Guia não só jogaria com o mesmo brilho em qualquer época como provavelmente jogaria no setor do campo que escolhesse. Técnica não lhe faltaria.

Outra prova disso é seu filho, Ademir, o maior jogador da história do Palmeiras, genial meia (seria um formidável zagueiro, se quisesse) que deu ótimo proveito aos genes que recebeu do pai.

Nome: Domingos Antônio da Guia
Nascimento: 19/11/1912, no Rio de Janeiro (RJ)
Falecimento: 18/5/2000, no Rio de Janeiro (RJ)
Clubes: Bangu (1929-1931 e 1948), Vasco (1932 e 1934), Nacional-URU (1933), Boca Juniors-ARG (1935), Flamengo (1936-1943), Corinthians (1944-1947)
Seleção Brasileira: 1931-1946 (25 jogos, 0 gol)

dunga

A importância de Dunga era liderar um time para virar sua história da derrota para o sucesso.

A FAIXA DE CAPITÃO nem sempre foi dele. Vale lembrar que, nos dois primeiros jogos da Copa do Mundo de 1994, Raí foi quem a vestiu, por ordem de Carlos Alberto Parreira. Substituído por Mazinho, no intervalo do terceiro jogo da campanha do tetra, Raí entregou a braçadeira para o lateral Jorginho, auxiliar técnico de Dunga em sua trajetória como treinador da Seleção.

Dunga só virou o capitão do tetra na quarta partida da Copa dos Estados Unidos, em Palo Alto, contra os donos da casa.

E se Belini eternizou a conquista, erguendo a taça sobre sua cabeça, se Cafu fez o gesto lembrando o bairro onde cresceu – o Jardim Irene –, Dunga fez sua marca registrada: o revide às críticas, olhando os fotógrafos e desabafando:

– É pra vocês, traíras, f.d.p...

Falta de educação à parte, Dunga revidava o que lhe fora dirigido durante os quatro anos, entre o fracasso na Copa da Itália e o sucesso nos Estados Unidos.

A derrota para a Argentina, em Turim, eliminou o Brasil do Mundial de 1990 e colocou em Dunga um carimbo na cabeça, como se fosse ele o maior responsável pelo fiasco. A "era Dunga" virou sinônimo de futebol tosco, sem classe, sem brilho, fracassado.

Quatro anos mais tarde, Dunga era o emblema da vitória, do sucesso, da volta por cima. O líder da virada também foi o capitão do time. E o guarda-costas de Romário, seu companheiro de quarto, a quem acalmava nas principais crises.

Mais quatro anos e Dunga chegou à sua terceira Copa do Mundo, de novo como capitão da equipe. Diferentemente de 1994, quando se via no capitão a confiança na vitória, Dunga era a própria desconfiança. Já não tinha pernas como nos Estados Unidos e era sacrificado pelo sistema tático de Zagalo, que exigia a saída de César Sampaio pelo lado direito e deixava o capitão como único volante para cobrir os dois lados do campo. Nos treinos, Zagalo gritava com Roberto Carlos:

– Quero você como ponta-esquerda!

Era de Dunga a missão da cobertura.

Do outro lado, Zagalo esgoelava-se com Cafu. Queria-o como ponta-direita. Dunga era o responsável pela proteção.

No final da campanha, enquanto a maior parte dos jogadores lamentava a derrota para a França e responsabilizava o drama de Ronaldo, que sofreu uma convulsão horas antes da decisão, Dunga radiografava a campanha de maneira nua:

– Trabalhamos o suficiente para chegar ao vice-campeonato.

Carreira consolidada na Europa, Dunga fez sucesso também no Brasil. Participou das primeiras três campanhas que levaram o Inter ao tetracampeonato gaúcho, em 1984. Nesse mesmo ano, foi vice-campeão paulista pelo Corinthians. Passou pelo Santos e foi campeão carioca pelo Vasco, em 1987, numa final histórica contra o Flamengo, vencida com gol de Tita, num tiro fantástico de fora da área. Foi nesse ano que Dunga se aproximou de Romário, virou seu amigo, confidente, o homem a quem o Baixinho ouvia para evitar problemas com técnicos e mulheres. Foi nesse ano que começou o tetra. A importância de Dunga era liderar um time para virar sua história da derrota para o sucesso. Fora de campo, o homem que concentrou Romário para fazer gols e história.

Nome: Carlos Caetano Bledorn Verri
Nascimento: 31/10/1963, em Ijuí (RS)
Clubes: Internacional (1980-1984), Corinthians (1984-1985), Santos (1985-1986), Vasco (1987), Pisa-ITA (1987-1988), Fiorentina-ITA (1988-1992), Pescara-ITA (1992-1993), Stuttgart-ALE (1993-1995), Jubilo Iwata-JAP (1995-1998), Internacional (1999)
Seleção Brasileira: 1987-1998 (91 jogos, 6 gols)

éder

EXISTEM JOGADORES CAPAZES de bater na bola com força.

Existem jogadores capazes de bater na bola com força e direção.

Existem jogadores capazes de bater na bola com força, direção e precisão.

E existem jogadores como Éder. Mas são poucos.

Os chutes disparados pela perna esquerda de Éder eram tão impressionantes que lhe renderam apelidos. Ele era "o canhão do Olímpico", quando jogou no Grêmio, e "o bomba de Vespasiano", quando defendeu o Atlético Mineiro, clube em que fez mais sucesso.

Mas, diferentemente do que os apelidos fazem supor, Éder não era só violência. Também era capaz de vencer goleiros com chutes colocados, bolas mansas que encontravam o mesmo destino dos foguetes que preocupavam quem ficava na barreira.

Na Copa do Mundo da Espanha, em 1982, Éder foi titular da Seleção Brasileira e marcou dois gols que exemplificam suas habilidades.

Um aconteceu na estreia contra a União Soviética, em Sevilha. O Brasil perdia o jogo por 1 x 0, falha do goleiro Valdir Peres num chute de longe. Sócrates empatou no segundo tempo, com um golaço de fora da área, depois de driblar dois jogadores em diagonal e bater no canto superior direito do goleiro Dasaev.

Tecnicamente privilegiado, Éder era também um jogador sanguíneo, vibrante, explosivo em certos momentos.

Aos quarenta e três minutos do segundo tempo, quando o empate parecia definitivo, o Brasil atacou pela direita. Paulo Isidoro, no bico da grande área, rolou a bola para trás, na direção de Falcão. O craque deixou a bola passar entre as pernas. Éder vinha na corrida, de frente para o gol. Levantou a bola com o pé esquerdo e, com o mesmo pé, emendou um chutaço para o gol.

Dasaev era considerado o melhor goleiro do mundo na época. Não se mexeu até perceber que a bola estava atrás dele, dentro do gol. Provavelmente nem a viu chegando, endereçada a seu canto esquerdo. Se viu, não acreditou. Se acreditou, nada pôde fazer.

Um gol que sempre será lembrado como um dos mais belos da história das Copas. O Brasil venceu por 2 x 1.

O segundo gol saiu no jogo seguinte, contra a Escócia, em outra virada brasileira. Zico, em cobrança de falta magistral, e Oscar, de cabeça, construíram a vantagem da Seleção. No primeiro tempo, quando os escoceses venciam, Éder tentou encobrir o goleiro com um chute da ponta esquerda. A bola quase entrou.

Aos dezoito minutos do segundo tempo, outra chance. A jogada começou na área do Brasil, com Valdir Peres. Falcão recebeu a bola do goleiro e esticou para Sócrates, na meia. O Doutor atravessou a metade do campo, acelerou e tocou para Serginho. Com uma finta de corpo, o centroavante livrou-se da marcação e rolou para Éder, que chegava pela esquerda. Um toque para ajeitar e outro para encobrir o goleiro, que, adiantado, só olhou. Uma beleza de gol.

Falcão ainda fez o dele, Brasil 4 x 1.

Tecnicamente privilegiado, Éder era também um jogador sanguíneo, vibrante, explosivo em certos momentos. Seus treinadores tinham restrições, mas o torcedor o adorava.

Foi um dos responsáveis pelos títulos estaduais que o Atlético Mineiro conquistou no início da década de 80. Período que o transformou num dos maiores ídolos da história do clube.

Nome: Éder Aleixo de Assis
Nascimento: 25/5/1957, em Vespasiano (MG)
Clubes: América (1975-1977), Grêmio (1977-1979), Atlético Mineiro (1980-1985, 1989-1990, 1994-1995), Internacional de Limeira (1985), Palmeiras (1986), Santos (1987), Sport (1987), Botafogo (1988), Atlético Paranaense (1988), Cerro Porteño-PAR (1988), Fenerbahçe-TUR (1989), União São João (1991-1992, 1995), Cruzeiro (1993), Gama (1996), Montes Claros (1997)
Seleção Brasileira: 1979-1986 (51 jogos, 8 gols)

edmundo

A explosão muscular, responsável por seus dribles e gols, era também a explosão nervosa causadora de atritos inesquecíveis.

A PRINCIPAL CARACTERÍSTICA da carreira de Edmundo era a explosão.

Exemplo 1: pelo Brasileirão de 1994, apanhou a bola na ponta esquerda do Parque Antártica e tentou o drible sobre o zagueiro Argel, do Internacional. Como o zagueiro não esboçou reação, Edmundo passou o pé sobre a bola, mas ficou parado em seu lugar. Tentou mais uma vez, e nada de movimento do beque à sua frente. Foi quando fingiu enxugar o suor da testa com a camisa verde do Palmeiras e, em seguida, partiu em desabalada carreira para ultrapassar seu marcador em altíssima velocidade.

Exemplo 2: pela Libertadores de 1994, o técnico Vanderlei Luxemburgo anunciou a substituição. Edílson entraria na vaga do Animal. Ao ver a placa com o seu número 7, Edmundo partiu com o dedo em riste em direção ao treinador, mostrando sua ira a todo o público presente no Pacaembu. Foi afastado do elenco pelo treinador.

A explosão muscular, responsável por seus dribles e gols, era também a explosão nervosa causadora de atritos inesquecíveis. Em 1993, logo depois de estrear com a camisa do Palmeiras, desentendeu-se com Evair num jogo contra a Portuguesa. Em campo, mostrava sua indignação com o grande parceiro de ataque, tanto no Palmeiras bicampeão brasileiro de 1993/1994 quanto no Vasco campeão brasileiro de 1997.

Nos dois casos, a dupla se entendeu à perfeição, mas um julgamento de Evair quanto ao desempenho de ambos nas duas passagens parece o mais isento possível:

– Nossa parceria funcionou melhor no Vasco. No Palmeiras, o Edmundo ainda estava um pouco inquieto demais.

O Vasco foi o clube que o lançou, por um desses casos de explosão temperamental. Em 1990, juvenil do Botafogo, desentendeu-se no clube e seguiu para São Januário. Foi campeão carioca invicto de 1992 e forçou a barra para ir para o Palmeiras. A proposta da parceira palmeirense, a Parmalat, era financeiramente irresistível. Ficou dois anos no Parque Antártica. No início de 1995, vivia entre a oferta do Flamengo e o desejo da torcida de que permanecesse vestido de verde. Em março, num jogo do primeiro turno do Paulistão contra a Ferroviária, o Palmeiras jogava em casa e empatava por 0 x 0, com futebol sofrível. Aos quarenta e um minutos do segundo tempo, Edmundo dominou rente à linha de fundo, driblou o zagueiro duas vezes e chutou sem ângulo. O golaço produziu a imediata reação da arquibancada:

– Fica, Edmundo! Você vai ser campeão do mundo!

Alusão à participação palmeirense na Libertadores, à qual Edmundo deu de ombros. Seguiu para o Flamengo.

Fracassou.

O sucesso só voltou no Vasco, em 1997, ano em que, para muitos, foi o melhor jogador do mundo. Nem Ronaldo, eleito pela Fifa no final daquela temporada, jogou tanto quanto Edmundo. Entre outras coisas, o recorde de gols em um Campeonato Brasileiro: 29 – a marca seria batida por Dimba, em 2003, e Washington, em 2004. Embalado pelo sucesso no Vasco, transferiu-se para a Fiorentina e foi convocado para sua única Copa do Mundo, em 1998. Entrou mal no jogo contra o Marrocos, aos vinte e sete minutos do segundo tempo. Até a decisão, não jogou mais. Dos treinos, saía sempre de semblante fechado. Minutos antes da decisão, a escalação do Brasil apresentava Edmundo, no lugar de Ronaldo, afastado da partida por causa do histórico episódio da convulsão. Mais alguns minutos, e Ronaldo chegou de uma clínica em Paris, dizendo-se em condição de jogar. Edmundo foi barrado. De cara fechada, futebol sombrio, jogou trinta e três minutos no segundo tempo, no lugar de César Sampaio. Naquele dia, Edmundo não explodiu.

Nome: Edmundo Alves de Souza Neto
Nascimento: 2/4/1971, em Niterói (RJ)
Clubes: Vasco (1992), Palmeiras (1993-1995), Flamengo (1995-1996), Vasco (1996-1997), Fiorentina-ITA (1998-1999), Vasco (1999-2000), Santos (2000), Napoli-ITA (2001), Cruzeiro (2001), Tokyo Verdy-JAP (2002), Urawa Red-JAP (2003), Vasco (2003-2004), Fluminense (2004), Nova Iguaçu (2005), Figueirense (2005), Palmeiras (2006-2007), Vasco (2008)
Seleção Brasileira: 1992-1998 (37 jogos, 9 gols)

evair

Evair era mestre na arte de deslocar o goleiro.

VAMOS RESUMIR ASSIM: Evair bateu os dois pênaltis mais importantes da história recente do Palmeiras.

Ou seria melhor assim: Evair CONVERTEU os dois pênaltis mais importantes da história recente do Palmeiras.

O primeiro foi em 1993. Final do Campeonato Paulista, segundo jogo. O famoso "gol do porco" do corintiano Viola, marcado no domingo anterior, obrigou o Palmeiras a vencer no tempo normal e, pelo menos, empatar na prorrogação.

O primeiro objetivo foi garantido por um gol de Zinho, um do próprio Evair e outro de Edílson. Os 3 x 0 significavam que dezesseis anos de seca de títulos estavam com os minutos contados se o Palmeiras não levasse um gol no tempo extra.

Edmundo derrubado na área. A parte verde e branca do Morumbi empolga-se com a possibilidade de o jejum terminar sem mais sofrimento. Evair ajeita a bola, toma distância e parte para a cobrança, saltitando.

Evair era mestre na arte de deslocar o goleiro. Não escolhia o canto em que ia bater nem mirava o meio do gol. Goleiros que arriscavam o salto se transformavam em presas fáceis, não apareciam na foto. Os melhores, que tinham confiança suficiente para entrar no jogo de paciência e se mexer por último, podiam até voar para o canto certo, mas eram vencidos pela precisão do chute.

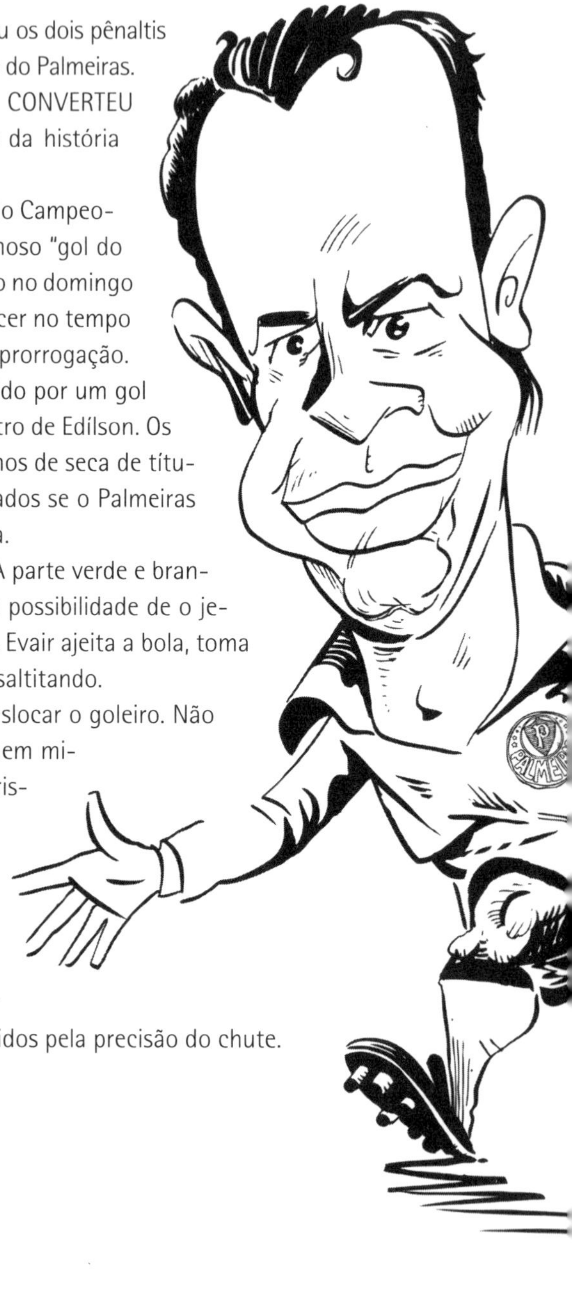

Ele ia para a bola sem olhar. Fazia o foco no goleiro, para detectar o menor sinal de movimento. Chutava no canto oposto e corria para a torcida.

Aos dez minutos do primeiro tempo da prorrogação, o ritual se repetiu. Wilson, goleiro reserva do Corinthians, mexeu-se para a esquerda. A bola entrou do outro lado. Palmeiras campeão.

Evair considera esse gol o mais importante de sua carreira. Mas outro pênalti, ainda mais valioso, apareceria em seu caminho, seis anos depois.

O Palmeiras lutava contra um 0 x 0 com o Deportivo Cali, no segundo jogo decisivo da Copa Libertadores de 1999. Os colombianos, que tinham vencido em casa por 1 x 0, seriam campeões da América com o empate.

O placar aguentou até os dezoito minutos do segundo tempo, quando uma bola sobrevoou a área do Deportivo. Paulo Nunes cabeceou, Oséas e Mario Yepes disputaram pelo alto. O braço esquerdo de Yepes tocou na bola e o árbitro não teve dúvida.

Não se sabe se o goleiro Rafael Dudamel tinha estudado como Evair costumava bater pênaltis. Se tinha, nada aprendeu. Enquanto Evair corria para a bola, Dudamel já caía para o canto esquerdo. Nem deu tempo para ele levantar e buscar a bola dentro do gol.

O Deportivo Cali conseguiu empatar o jogo, também de pênalti. Mas o Palmeiras venceu por 2 x 1, gol de Oséas, e levou a decisão para mais pênaltis. Evair, expulso, sofreu como um torcedor durante as angustiantes cobranças, que não teriam acontecido sem o gol que ele marcou.

Da marca de cal, que transforma carreiras e coroa goleiros, Evair não falhou.

O palmeirense nunca esquecerá.

Nome: Evair Aparecido Paulino
Nascimento: 21/2/1965, em Crisólia (SP)
Clubes: Guarani (1985-1988), Atalanta-ITA (1988-1991), Palmeiras (1991-1994, 1999), Yokohama Flugels-JAP (1995-1996), Vasco (1997), Atlético Mineiro (1997), Portuguesa (1998), São Paulo (2000), Coritiba (2001), Goiás (2000 e 2002), Figueirense (2003)
Seleção Brasileira: 1992-1993 (9 jogos, 2 gols)

evaristo

EVARISTO DE MACEDO CONTA A HISTÓRIA com um sorriso no rosto, sem a menor vergonha de defender o que é seu. Assistia ao jogo entre Brasil e Venezuela pelas Eliminatórias da Copa de 2002, torcendo fervorosamente pela Seleção. Isso até o Brasil marcar o sexto gol, o quarto de Romário na partida.

O mesmo aconteceu em outro Brasil x Venezuela, só que pelas Eliminatórias da Copa de 1990. A Seleção também marcou 6 x 0, com quatro gols de Careca.

E depois dos 4 gols de cada um dos centroavantes, o coração de Evaristo passou a bater de um jeito diferente:

– Passei a torcer para que Romário e Careca não marcassem o quinto gol deles na partida.

Desde 1957, Evaristo é o recordista de gols num só jogo com a camisa da Seleção Brasileira, quando marcou 5 vezes contra a Colômbia pelo Campeonato Sul-Americano. De lá para cá, Evaristo torce pela Seleção. Mas não pelos artilheiros.

No tempo em que Evaristo se tornou recordista, ainda era craque do Flamengo. Fez parte da inesquecível geração rubro-negra

> Desde 1957, Evaristo é o recordista de gols num só jogo com a camisa da Seleção Brasileira.

que conquistou contra o América o tricampeonato carioca de 1953/1954/1955. Fora revelado pelo Madureira. Em seguida ao jogo do recorde, Evaristo foi para o Barcelona, onde fez história. Ganhou dois títulos nacionais, chegou à decisão da Copa dos Campeões da Europa contra o Benfica, desbancou o Real Madrid de Di Stéfano e Puskas na campanha do título nacional de 1960, na semifinal do torneio continental de 1961.

– Até hoje, minha foto escorregando com o rosto perto do chão está exposta no museu do Barcelona. Meu gol garantiu a vitória sobre o Real na semifinal da Copa dos Campeões – lembra Evaristo.

Tanto sucesso pelo Barça fez de Evaristo o primeiro jogador brasileiro a trocar o clube catalão pelo Real Madrid. Ganhou mais dois títulos nacionais pelo clube da capital espanhola. Em todos os tempos, entre os brasileiros, nem Ronaldo conseguiu ser campeão com as duas camisas gloriosas.

Após a glória, Evaristo voltou ao Brasil para uma temporada pelo Flamengo.

– Voltei ao país e recebi o convite. Joguei mais para ajudar e passei um ano na Gávea – lembra.

As gerações mais jovens lembram-se de Evaristo como treinador de passagens brilhantes pelo Santa Cruz e pelo Bahia – campeão brasileiro de 1988 –, de boas experiências no Flamengo, no Fluminense, no Santos, no Corinthians e de passagem importante pela Seleção Brasileira.

Em 1985, assumiu pouco antes das Eliminatórias. Dirigiu a Seleção seis vezes, promoveu as estreias de Branco, Casagrande e Bebeto – três dos cem maiores. Não resistiu aos maus resultados, causados em parte pelas ausências dos mais experientes, que atuavam no exterior. Caiu no retorno de uma derrota em Santiago, depois de 2 vitórias, 2 empates e 2 derrotas. Na demissão, deu uma declaração polêmica, ainda no aeroporto do Galeão:

– Não sei como vou gastar meus 5 milhões de dólares.

Até hoje, Evaristo tenta se livrar do ônus dessa declaração. Digamos que, por tudo que ele fez, merecia ter ganhado até mais.

Nome: Evaristo de Macedo Filho
Nascimento: 22/6/1933, no Rio de Janeiro (RJ)
Clubes: Madureira (1950-1952), Flamengo (1953-1957), Barcelona-ESP (1957-1962), Real Madrid-ESP (1962-1964)
Seleção Brasileira: 1955-1957 (13 jogos, 8 gols)

falcão

– EU QUERO IR!

A frase saiu límpida da boca de Paulo Roberto Falcão, na sala do presidente do Internacional, José Asmuz. Durante anos, o dirigente pagou o preço de ter vendido o maior craque da história do Inter. Guardou solitário a mágoa de não poder revelar a razão do negócio.

– Ele queria ir.

A frase que saiu da boca de Falcão mudou seu destino e também o destino do futebol brasileiro. A partir dele, os jogadores brasileiros passaram a pensar no mercado europeu. Desde o momento da transferência, Falcão abriu espaço para a disputa da Copa de 1982 e tornou-se o maior destaque da equipe de Telê Santana, que encantou o planeta.

A vida de Falcão também mudou. Divide-se em antes e depois da Roma, onde se consagrou no futebol internacional.

Por que Falcão chegou até o divisor de sua carreira é outra história.

Garoto do Inter, entrava na equipe titular em meio ao maior período de vitórias da história do clube gaúcho. Período que se iniciou com um embate entre os defensores do futebol clássico e da força. O símbolo dessa divisão era o meia Bráulio, ídolo do final dos anos 60.

Os colorados dividiam-se entre braulistas e não braulistas. Quando o técnico Dino Sani foi convidado para assumir o Inter, em 1971, a discussão terminou. Sani sabia que Bráulio era lento demais, clássico demais, participativo de menos para o tipo de futebol que se praticaria nos anos 70.

> Era capaz de jogar nas três posições do meio de campo da época.

O Internacional lançava, na equipe principal, jogadores de força, como Caçapava. Mas dois garotos representavam a mistura ideal. Um era Paulo César Carpegiani, revelado ao mesmo tempo que Bráulio saía da equipe. O outro representava ainda mais a mistura perfeita entre o velho e o novo, a classe e a força, a disciplina e a arte: Falcão.

Nos primeiros jogos, o primeiro atrito. Figueroa, capitão do time, ídolo da torcida, esboçou certa bronca quando Falcão saía para o jogo com um passe de efeito. Figueroa passou o corretivo, ouviu a correção:

– Joga tua bola, gringo!

O menino tinha personalidade. Tanta que fez o Inter construir, em torno de si, o time mais vitorioso daquela década. Era capaz de jogar nas três posições do meio de campo da época. Começou volante e por isso vestia a camisa 5. No ano do primeiro título brasileiro, em 1975, era o segundo homem de meio de campo. Armador clássico, organizava e chegava à grande área para fazer gols. No segundo campeonato, em 1976, era o mais avançado do meio de campo, com os volantes Batista e Caçapava atrás de si. No terceiro título nacional, em 1979, voltou a ser o armador, com Jair à sua frente, aproximando-se do centroavante Bira.

Foi nessa época que a direção do Milan, campeão italiano, pediu que o antigo craque do clube, Gianni Rivera, pesquisasse as melhores opções entre os jogadores estrangeiros. O mercado para jogadores do exterior estava fechado na Itália desde 1966. Derrotados na Copa da Inglaterra pela Coreia do Norte, os italianos chegaram à conclusão de que o vexame se devia à grande quantidade de estrangeiros. Catorze anos depois, o país decidia reabrir o mercado. Rivera telefonou para Dino Sani, o técnico que lançou Falcão no Inter, para perguntar qual a melhor opção no Brasil. Sani respondeu sem titubear: Falcão.

A informação chegou ao técnico sueco Nils Liedholm, que se transferiria para a Roma na temporada seguinte. Levou consigo a dica sobre o camisa 5 que fazia a equipe jogar à sua imagem e semelhança. Falcão era o que os italianos chamavam de *uomosquadra*, o homem que valia pelo time. E Liedholm foi quem resolveu fazer a contratação.

Antes de avisar ao presidente José Asmuz que queria, sim, se transferir para a Europa, Paulo Roberto Falcão pediu a opinião da mãe. Ouviu uma resposta direta:

– Vai, meu filho! Vai conquistar o mundo.

Paulo Roberto Falcão era, também, um filho obediente.

Nome: Paulo Roberto Falcão
Nascimento: 16/10/1953, em Abelardo Luz (SC)
Clubes: Internacional (1972-1980), Roma-ITA (1980-1985), São Paulo (1985-1986)
Seleção Brasileira: 1976-1986 (28 jogos, 6 gols)

“Vai, meu filho!
Vai conquistar o mundo."

friedenreich

DURANTE ANOS, FALAR EM FRIEDENREICH significava tratar de um mito. Não pela qualidade de seu futebol, indiscutível para quem o viu jogar entre o final da década de 10 e a primeira dos anos 30. Significava tratar de alguém que, supostamente, teria feito mais gols que Pelé. A confusão se deu por causa de um documento enviado pelo antigo jornalista De Vaney à Fifa, com o número 1.329. Até para retificar a informação desencontrada aparecia um erro: dizia-se que De Vaney invertera os algarismos ao enviar o documento e que o número correto seria 1.239.

Nada disso. O jornalista Alexandre da Costa, autor do livro *O Tigre do Futebol*, chegou ao número real: 554 gols em 561 jogos.

Não importa, de fato, a quantidade de gols marcados pelo primeiro grande ídolo do esporte brasileiro. Friedenreich contou muito pela qualidade. E pelos momentos decisivos.

O primeiro Campeonato Sul-Americano de Seleções vencido pelo Brasil, disputado no estádio das Laranjeiras, em 1919, só resultou em troféu por causa do gol de Fried. Na segunda prorrogação do clássico contra o Uruguai, Friedenreich marcou – a vitória por 1 x 0 da Seleção valeu a taça e o choro *Um a zero* composto por Pixinguinha.

Ser filho de pai branco ajudou-o também a frequentar os clubes da elite, como o Paulistano, onde deu sequência a uma carreira de títulos.

O mesmo choro que, musicado anos mais tarde, virou o tema de abertura do programa *Bate Bola*, da ESPN Brasil.

Fried era a cara e o jeito do brasileiro. Filho de pai alemão com mãe brasileira – e negra –, Friedenreich era mulato e tinha olhos verdes.

A ascendência alemã valeu a entrada no Germânia, seu primeiro clube, em 1909. Ser filho de pai branco ajudou-o também a frequentar os clubes da elite, como o Paulistano, onde deu sequência a uma carreira de títulos. Em 1925, fez parte da primeira excursão de um clube brasileiro à Europa, justamente o Paulistano. A viagem resultou no livro *Os Reis do Futebol*, escrito pelo craque Araken Patuska, seu colega de ataque.

Ao todo, foi goleador do Campeonato Paulista por 8 vezes, marca só superada por Pelé, quase quarenta anos mais tarde.

Foi também campeão 6 vezes pelo Paulistano e 1 pelo São Paulo da Floresta, clube criado em 1930, fruto da fusão dos sócios do futebol do Paulistano – o clube decidiu abandonar o futebol em 1929, pela proximidade do profissionalismo – com a Associação Atlética das Palmeiras, que assim evitava a extinção do time do clube chique.

Curioso que Friedenreich tenha deixado o Paulistano pela aproximação do profissionalismo e, ainda assim, ter-lhe cabido marcar o primeiro gol da história do novo regime, em 1933, num clássico vencido pelo São Paulo da Floresta contra o Santos.

Craque dos primeiros tempos, Fried foi referência até o surgimento de Pelé, e os mais antigos chegavam até mesmo a dizer que o Rei não jogava tanto quanto o gênio das primeiras décadas do século XX. Mas Friedenreich, claro, rendeu-se à majestade de Pelé. No final de sua vida, nos anos 60, chegou a posar para fotos ao lado do Rei.

Fried não foi rei, não fez mais de 1.000 gols. Não se impressione com as mentiras. Fique com as verdades. Essas já fazem de Arthur Friedenreich um jogador de poucos similares.

Nome: Arthur Friedenreich
Nascimento: 18/7/1892, em São Paulo (SP)
Falecimento: 6/9/1969, em São Paulo (SP)
Clubes: Germânia-ALE (1909), Ypiranga (1910), Germânia-ALE (1911), Mackenzie (1913), Ypiranga (1913), Americano (1913-1914), Paulistano (1914), Atlas (1914-1915), Ypiranga (1917 e 1929), Flamengo (1929), Paulistano (1929), Internacional (1929), São Paulo da Floresta (1930-1933)
Seleção Brasileira: 1914-1930 (17 jogos, 8 gols)

garrincha

Em nove anos de carreira em alto nível, Garrincha driblou todos os adversários.

OS COMPUTADORES FRANCESES, consultados pelo jornal *L'Equipe*, não tinham dúvida em apontar o campeão do mundo de 1958: a União Soviética. O futebol científico, com todos os dados computados, seria imbatível. E foi com essa informação que a Seleção Brasileira embarcou para a Suécia.

Embarcou também com Joel, ponta direita nas duas primeiras partidas. O terceiro jogo marcou o encontro com os soviéticos e a primeira partida de Garrincha em Copas do Mundo. No primeiro drible, um chute na trave. Na sequência, passes milimétricos para dois gols de Vavá. Os computadores franceses não conheciam Mané. Garrincha era a própria simplicidade.

Quando criança, jogava suas peladas num platô, no povoado de Pau Grande, distrito de Magé, no Rio de Janeiro. Batia sua bola feliz, caçava cambaxirras, o passarinho nobre da região, também chamado de "garrincha". Mané virou Garrincha e trocou as peladas em Pau Grande pelos jogos no Maracanã lotado, com a camisa do Botafogo. Amava driblar. Saía sempre para o lado direito. Todos os marcadores sabiam disso, e ninguém conseguia pará-lo.

Chegou ao Botafogo em 1953, recomendado pelo lateral Arati. Encantou Nilton Santos, seu marcador no primeiro treino, que pediu logo sua contratação. Melhor tê-lo como amigo do que ser obrigado a marcá-lo nos clássicos do Maracanã.

O Botafogo amargou nove anos de jejum, a partir de 1948. Acabou com a fila numa tarde gloriosa de Mané, em 1957, com um gol e cinco passes para Paulo Valentim marcar nos 6 x 2 sobre o Fluminense. Ajudou o Brasil a ganhar a Copa de 1958 e assumiu a responsabilidade de ser o melhor jogador do Mundial de 1962, no Chile. Depois de ver Pelé sair de campo contra a Tchecoslováquia, com distensão na virilha, Garrincha fez gol de cabeça, de pé esquerdo, de fora da área. Jogou em todas as posições, levou a Seleção ao bicampeonato mundial.

No final de 1962, aos 29 anos, fez seu último jogo em alto nível, na final do Campeonato Carioca, que deu o bicampeonato estadual contra o Flamengo. Vitória por 3 x 0, com 2 de Garrincha e 1 gol contra de Vanderlei, em jogada de Mané.

Em nove anos de carreira em alto nível, Garrincha driblou todos os adversários. Nos anos que se seguiram, um lateral conseguiu pará-lo: lesões passaram a castigá-lo. Ainda jogou no Corinthians, em 1966, no Flamengo, em 1968, no Olaria, em 1971 e fez gol na Copa do Mundo de 1966 contra a Bulgária, na campanha brasileira na Inglaterra.

Nome: Manoel dos Santos
Nascimento: 28/10/1933, em Magé (RJ)
Falecimento: 19/1/1983, no Rio de Janeiro (RJ)
Clubes: Botafogo (1953 a 1965), Corinthians (1966), Portuguesa-RJ (1967), Flamengo (1968), Atlético Junior-COL (1968), Olaria (1971)
Seleção Brasileira: 1955 a 1966 (50 jogos, 12 gols)

gérson

Gérson, afinal, era um craque único.

GÉRSON FEZ HISTÓRIA pela primeira vez por seu gênio mais que por ser gênio. Aconteceu na decisão do Campeonato Carioca de 1962, quando o técnico Flávio Costa o escalou como marcador de Garrincha. Assim mesmo.

– Ele queria dois em cima do Garrincha. E me escolheu para ser um dos dois marcadores – Gérson se lembra.

O outro era o marcador habitual de Garrincha, seu "João" tradicional: Jordan.

Garrincha bailou sobre Gérson e Jordan, o Canhotinha brigou com Flávio Costa e, pouco tempo depois, foi-se embora do Flamengo.

Foi jogar pelo Botafogo. E como sofreram os rubro-negros depois da transferência de Gérson. Com a camisa do Botafogo, Gérson foi campeão carioca em 1967 e 1968 e completou aquilo que os alvinegros dos anos 60 chamaram de Bi-Bi. Bi da Taça Guanabara – um torneio independente do estadual – e bi do Campeonato Carioca.

Quatro anos depois da decisão de 1962, Gérson estava na Seleção que disputava o Mundial de 1966. Saiu chamuscado. Era um dos jovens craques que se envolveram no vexame da pior eliminação brasileira em Mundiais desde a Itália, em 1934.

Precisou do brilho do Botafogo, dirigido por Zagalo entre 1967 e 1969, da transferência para o São Paulo, em 1969, para chegar bem ao Mundial seguinte, em 1970.

Ainda assim, sua estreia pelo São Paulo contra o Atlético Mineiro pelo Robertão de 1969 resultou em tragédia. O São Paulo caiu por 5 x 2.

A sequência de trabalho foi positiva. O time saiu de uma fila de treze anos sem títulos estaduais, em 1970, foi bi paulista em 1971, chegou ao vice-campeonato brasileiro no final desse mesmo ano. Tudo isso tendo como recheio o tricampeonato mundial, no México.

Tri com requinte. Gérson foi o grande jogador da Seleção nos três jogos que disputou, contra Tchecoslováquia, Uruguai e Itália. Para muitos, foi o melhor jogador do Mundial, embora essa tese caia a cada lembrança de que jogou poucas vezes.

Seus passes longos para o gol de Pelé contra os tchecos, para Pelé tocar para Jairzinho na decisão contra a Itália, e a inversão de posições com Clodoaldo na semifinal contra o Uruguai foram decisivos.

- Eu via que não havia espaço para mim na frente. Disse ao Clodoaldo: "Vai você! Eu fico na cobertura."

Coisas de um jogador que entendia o jogo e seu papel nele.

A história da Copa de 1970 conta que Gérson, Pelé e Carlos Alberto eram os três líderes da equipe até mesmo para mudar algumas determinações táticas ou tomar decisões dentro de campo. Em vez de se transformar em técnico depois da carreira, tornou-se um dos principais analistas de futebol fora das quatro linhas.

Gérson trocou o São Paulo pelo Fluminense em 1973, apenas para poder encerrar a carreira no clube que sempre esteve em seu coração. Coisa rara entre os jogadores profissionais. Gérson, afinal, era um craque único.

Nome: Gérson de Oliveira Nunes
Nascimento: 11/1/1941
Clubes: Flamengo (1960-1962), Botafogo (1962-1969), São Paulo (1969-1973), Fluminense (1973)
Seleção Brasileira: 1961-1972 (69 jogos, 14 gols)

gilmar

Sua carreira foi uma longa demonstração de que as falhas passavam e o talento permanecia.

CORRIA O ANO DE 1956, quando a Seleção Brasileira realizou sua primeira excursão à Europa. No terceiro jogo contra a Áustria, em Viena, Sabetzer chutou longe e o goleiro Gilmar fez golpe de vista. Foi traído. No segundo tempo, depois de a Seleção virar para 2 x 1, o mesmo Sabetzer arriscou de longa distância. Gilmar aceitou de novo.

O Brasil venceu por 3 x 2, mas Gilmar foi criticadíssimo.

Dezesseis dias mais tarde, ainda na Europa – a Seleção passou 22 dias excursionando –, na primeira partida em Wembley, o Brasil jogou contra a Inglaterra. Perdeu por 4 x 2, com 2 gols de Taylor e 2 de Grainger. Mas a estrela do jogo foi Gilmar.

Quando o placar marcava 2 x 2, um pênalti cobrado por Atyeo foi defendido de forma espetacular pelo então goleiro corintiano. Já com a Inglaterra em vantagem, outra cobrança, dessa vez sob a responsabilidade de Byrne. Gilmar defendeu de novo.

O maior goleiro brasileiro de todos os tempos, considerado assim por ser o único titular em duas das cinco Copas do Mundo, Gilmar adorava conjugar o verbo "recuperar". Sua carreira foi uma longa demonstração de que as falhas passavam e o talento permanecia.

O período mais crítico veio logo após uma goleada sofrida pelo Corinthians, em 1951. O adversário era a Portuguesa, dona do melhor time do futebol paulista na época, que contava com três jogadores que defenderiam a Seleção na Copa de 1954: Julinho, Djalma Santos e Brandãozinho. O placar: 7 x 3 para a Lusa.

A torcida elegeu Gilmar o vilão da tarde trágica para os corintianos. Na partida seguinte, já estava barrado por Cabeção, o colega com quem dividiu a camisa 1 do Corinthians por longos períodos de revezamento. Gilmar só voltaria ao gol corintiano quando Cabeção foi convocado para a Seleção Brasileira que disputou o Campeonato Pan-Americano no Chile. Retornou num amistoso contra o Radium, de Mococa, e, na sequência, participou de dezesseis jogos que marcaram a excursão corintiana à Turquia e à Escandinávia. Defendeu 2 pênaltis contra a Seleção de Copenhague e, quando Cabeção voltou, era Gilmar novamente o titular.

Foi o goleiro corintiano nas campanhas dos títulos do Rio-São Paulo de 1953 e do Paulista de 1954, famoso por marcar o IV Centenário de fundação da cidade de São Paulo. Firmou-se mesmo na Seleção na excursão à Europa em 1956, virou titular na campanha do título mundial em 1958 e, ainda assim, deixou o Corinthians quase pela porta dos fundos.

Em 1961, defendia a meta de um dos piores times da história corintiana, que ficou conhecido pelo apelido de "Faz-me Rir", referência a um bolero cantado por Edith Veiga que fazia sucesso naquele ano. Gilmar jogava machucado, mas os médicos do clube diziam que ele forçava a transferência para fugir da crise. O ápice chegou numa derrota contra o Santos por 5 x 1, a última de suas partidas no Parque São Jorge. Gilmar pagou a cirurgia necessária do próprio bolso e o Santos arrematou seu passe.

O presidente corintiano Wadih Helou julgava sua carreira encerrada. Gilmar sabia que aquela seria só mais uma volta por cima.

No Santos, foi bicampeão mundial, titular da Seleção em sua segunda campanha vitoriosa em Copas e passou mais seis anos como goleiro glorioso. O melhor goleiro que o Brasil já teve.

Nome: Gylmar dos Santos Neves
Nascimento: 22/8/1930, em Santos (SP)
Clubes: Jabaquara (1949-1950),
Corinthians (1951-1961),
Santos (1961-1967)
Seleção Brasileira: 1953-1966
(93 jogos)

"O maior goleiro brasileiro de todos os tempos."

CBD
BRASIL

jair rosa pinto

SE VOCÊ NÃO SABE QUEM FOI Orlando Rosa Pinto, não se acanhe. A maior parte dos torcedores brasileiros nunca ouviu falar no ponta-direita, irmão de Jair. No final dos anos 30, o banqueiro de jogo do bicho Aniceto Moscoso sabia mais sobre Orlando que sobre Jair. Mal olhou a cara do meia-esquerda de pernas finas que apareceu no campo do Madureira, o clube que presidia. Até que Jair informou ser irmão do ponta vascaíno.

A carreira de Jair começou assim e só terminou 25 anos mais tarde. Ninguém jogou mais que ele, e há quem tome a licença para usar essa frase não apenas em relação ao tempo de carreira.

Jajá de Barra Mansa ficou conhecido pelo apelido que carregava o nome da cidade onde foi criado. Nascer mesmo Jair nasceu em Quatis, interior do Rio. Os cariocas o descobriram craque ainda no Madureira, que em 1941 goleou o Fluminense nas Laranjeiras, com direito a gol de letra de Isaías, parte do trio apelidado de "Os Três Patetas". Lelé completava o grupo, vendido ao Vasco em 1942, para começar a formar o timaço que se transformou no melhor do país naquela década. Era o Expresso da Vitória.

– Um timaço, criado por um camarada chamado Ondino Vieira – lembrava Jair, no final da vida.

Da chegada ao Madureira ao chute final em 1963, foram 25 anos atrás da bola.

Ondino era o técnico uruguaio com quem Jair viveu alguns dos seus melhores momentos. Ari Barroso, o narrador responsável pelo pior dia da sua vida.

– Eu sempre fazia gol no Vasco quando jogava pelo Flamengo, entre 1947 e 1949. Mas houve um dia em que perdi um gol e o Flamengo perdeu por 5 x 2. Só por causa disso o Ari Barroso disse no rádio que eu estava vendido. Eu, vendido? Se ganhasse o jogo, eu receberia 25 mil só de prêmios, o suficiente para comprar uma casa em Madureira.

Jair morreu em 2005, amargurado. A cada entrevista, lembrava do episódio que provocou a queima de sua camisa rubro-negra em frente ao estádio de São Januário, palco da goleada histórica.

– Eles não queimaram minha camisa. Queimaram uma camisa qualquer, com o número 10 nas costas.

Jair contestava, mas a ação histórica ficou nos livros.

Quase expulso da Gávea depois da derrota, Jair seguiu sua vida. A derrota para o Vasco aconteceu no dia 21 de agosto de 1949. A estreia no Palmeiras, em 1º de setembro, com vitória por 3 x 1 sobre a Portuguesa. Jair demorou quinze minutos para recuperar a aura de craque, tempo necessário para abrir o marcador no Pacaembu.

Naquele mesmo ano, Jair fez parte da Seleção que conquistou o título sul-americano em São Januário. A mesma base que jogaria a Copa do Mundo de 1950. Jogou 5 das 6 partidas do Brasil no Mundial. Ficou fora apenas contra a Suíça, justamente no Pacaembu, já acostumado a aplaudi-lo. Como Zizinho, passou o resto da vida reconhecendo a superioridade dos uruguaios na decisão do Maracanã. O ressentimento da derrota nunca foi tão grande quanto a queima de sua camisa, depois daquele Flamengo x Vasco.

As feridas expostas pareciam fechadas enquanto Jair podia chutar uma bola, correr atrás de recordes. Em 1956, trocou o Palmeiras pelo Santos. Ganhou títulos, foi parceiro de Pelé.

– A glória não era jogar ao lado dele. Era fazer parte de uma linha fabulosa: Dorval, Jair, Pagão, Pelé e Pepe fizeram 143 gols em 38 jogos, no Paulista de 1958.

Para completar o recorde, Jair ainda foi jogador do São Paulo e da Ponte Preta. Da chegada ao Madureira ao chute final em 1963, foram 25 anos atrás da bola. Jajá de Barra Mansa... Pode acreditar: ninguém jogou mais que ele.

Nome: Jair Rosa Pinto
Nascimento: 21/3/1921, em Quatis (RJ)
Falecimento: 27/7/2005, no Rio de Janeiro (RJ)
Clubes: Madureira (1938-1942), Vasco (1943-1947), Flamengo (1947-1949), Palmeiras (1949-1955), Santos (1956-1960), São Paulo (1961), Ponte Preta (1962-1963)
Seleção Brasileira: 1940-1956 (39 jogos, 22 gols)

jairzinho

O "Furacão da Copa" é um dos três únicos homens a fazer gols em todos os jogos de um Mundial.

DE GANDULA A ÍDOLO DO BOTAFOGO. De fã a substituto de Garrincha. De reserva na Seleção Brasileira a "Furacão da Copa".

Se a vida futebolística de Jairzinho fosse um filme, o título bem que poderia ser *Ninguém vai me deter.*

É a vida de um jogador que sempre teve a desconfiança como sua marcadora individual. E sempre passou por ela com dribles ousados e potentes arrancadas.

As dúvidas começaram a perseguir o garoto que saiu das categorias de base do Botafogo para preencher o lugar, no coração da torcida, que era de Garrincha. Como um menino que era gandula do clube poderia substituir um dos grandes ídolos da história?

Jairzinho conquistou títulos cariocas como juvenil, jogando na ponta de lança. Chegou ao time profissional em 1963, atuando no ataque ao lado de Garrincha. Dois anos depois, quando o genial Mané deixou General Severiano, o ex-gandula assumiu seu posto.

Foi tão bem que mereceu a convocação para a Seleção Brasileira que disputou a Copa do Mundo de 1966, na Inglaterra. Garrincha era titular do time, e repetiu-se a situação dos primeiros anos no Botafogo. Jairzinho jogou o Mundial na ponta esquerda, posição na qual não conseguiu render como gostaria.

Em 1967-1968, foi bicampeão carioca, e a despedida de Mané Garrincha da Seleção lhe criou outra oportunidade. Mas as perguntas continuavam a acompanhá-lo. Haveria vaga para ele numa formação em que Pelé, Rivelino, Gérson e Tostão eram titulares absolutos?

Em princípio, não. A camisa 10, logicamente, tinha dono. Por isso Jairzinho concordava em jogar na ponta direita naquele time. Só que o titular da posição era Rogério, seu companheiro no Botafogo. Mas nos amistosos que a Seleção fez na parte final da preparação para a Copa, ficou claro que o técnico Zagalo já estudava a possibilidade de usar Jairzinho. Em cinco amistosos, Rogério só foi titular duas vezes.

Quando Rogério se machucou e foi cortado do Mundial, a solução já estava à mão. E uma das questões mais intrigantes da história das Copas surgiu: o que aconteceria se Jairzinho fosse reserva no México?

O "Furacão da Copa" é um dos três únicos homens a fazer gols em todos os jogos de um Mundial. Fez 7, em 6 jogos. (Na Copa de 1938, o total de jogos era 4. O húngaro Gyorgy Sárosi fez 5 gols em 4 jogos. O sueco Arne Nyberg fez 3 gols em 3 jogos, porque a Suécia teve um W.O. contra Cuba.) Entre os gols, estava aquele que decidiu a partida mais difícil do Brasil na campanha do tricampeonato mundial, contra a Inglaterra.

Naqueles dias de junho de 1970, sob o sol mexicano, marcar o camisa 7 da Seleção era uma das tarefas mais inglórias que um zagueiro já recebeu, como podem comprovar os defensores tchecos, ingleses, romenos, peruanos, uruguaios e italianos. Jairzinho era uma incontrolável combinação de habilidade, velocidade e força.

Ainda como jogador do Botafogo, ele disputou também a Copa do Mundo de 1974, na Alemanha. Marcou 2 gols (contra o Zaire e a Argentina), mas não teve atuações comparáveis ao Mundial anterior.

A passagem sem brilho pelo futebol francês, no Olympique de Marselha, trouxe de volta alguns questionamentos sobre o ex-gandula. Mas, no retorno ao Brasil, Jairzinho ajudou o Cruzeiro a conquistar sua primeira Copa Libertadores, em 1976.

Aos 37 anos, encerrou a carreira onde começou, no Botafogo. Sem dúvidas.

Nome: Jair Ventura Filho
Nascimento: 25/12/1944, no Rio de Janeiro (RJ)
Clubes: Botafogo (1961-1974 e 1981), Olympique de Marselha-FRA (1974-1975), Cruzeiro (1975-1976), Portuguesa (1977), Noroeste (1978), Fast Club (1979), Jorge Wilstermann-BOL (1980)
Seleção Brasileira: 1964-1982 (80 jogos, 33 gols)

■ julinho

JULINHO JOGOU A COPA DO MUNDO de 1954 e deixou-se seduzir pelas liras da Itália. O projeto era jogar pela Fiorentina, clube com a ambição de conquistar o título italiano, o que se confirmaria dois anos depois. Ponta-direita de passadas e dribles largos, encantou a partir do primeiro jogo. Na primeira temporada, 31 jogos, 6 gols e o título italiano por uma equipe que jamais havia se aproximado de tão grande façanha.

Foi um pouco depois disso, já no início de 1958, que o técnico da Seleção Brasileira, Vicente Feola, decidiu convocá-lo para a Copa do Mundo da Suécia, que significaria seu segundo mundial. A resposta:

– Prefiro não ir, porque não julgo correto convocar jogadores que não atuam no futebol brasileiro.

Naquele tempo, a Seleção era para os brasileiros em ação no país.

A primeira vez que um jogador de um clube internacional vestiu a camisa da Seleção Brasileira foi em 1960, quando Vavá teve liberação do Atlético de Madrid para atuar num amistoso contra o Chile, comemorativo dos dois anos da conquista na Suécia. Um ano antes, em maio de 1959, já de volta ao futebol brasileiro para jogar pelo Palmeiras, Julinho foi anunciado pelos alto-falantes do Maracanã como substituto de Garrincha, que ficou no banco de reservas. O estádio carioca em peso vaiou. Em quarenta minutos,

Incrível que o nome de Julinho seja citado poucas vezes na relação dos maiores craques da história do futebol brasileiro.

Julinho fez um gol e deu o passe para outro, marcado por Henrique Frade. Aos trinta e cinco minutos, aproximadamente, o zagueiro Orlando sentiu uma lesão. Aos quarenta, foi a vez de Julinho se machucar. Com apenas uma alteração a fazer, pelo acordo feito com os ingleses, que preferiam que não houvesse substituição nesse tipo de amistoso, Feola optou por colocar Formiga na vaga de Orlando. Julinho seguiu em campo pelo segundo tempo inteiro, mas apenas fazendo número. Os aplausos dos primeiros quarenta minutos, no entanto, ficaram para a eternidade.

Incrível que o nome de Julinho seja citado poucas vezes na relação dos maiores craques da história do futebol brasileiro. Fato que se deve exclusivamente à recusa em disputar o Mundial da Suécia em 1958 – ou seja, a não ter sido campeão com a Seleção. Mas Julinho conseguiu feitos inigualáveis. Foi campeão pela Fiorentina. Foi campeão pela Portuguesa. Em 1952, era o ponta-direita de um dos maiores times da história do futebol paulista: Muca, Nena e Noronha; Djalma Santos, Brandãozinho e Ceci; Julinho, Renato, Nininho, Pinga e Simão. A Lusa foi campeã do Rio-São Paulo naquele ano e seria bi em 1955.

No retorno da Itália, Julinho ajudaria o Palmeiras em uma coleção de campeonatos. Paulista em 1959, 1963 e 1966, Rio-São Paulo em 1965, Taça Brasil em 1960 e 1967, esta sua última conquista. Nesse tempo, seus dribles largos já não eram tão eficientes, mas o Palmeiras tinha a exata noção do que representava ter Julinho Botelho no elenco. A cada vez que podia ser escalado, a cada drible, a cada passe, a cada cruzamento, fazia-se uma homenagem ao futebol. Até seus últimos dias, o Palmeiras contemplou seu grande craque.

Nome: Júlio Botelho
Nascimento: 29/7/1929, em São Paulo (SP)
Falecimento: 10/1/2003, em São Paulo (SP)
Clubes: Juventus (1950), Portuguesa (1951-1955), Fiorentina-ITA (1955-1959), Palmeiras (1959-1967)
Seleção Brasileira: 1952-1965 (27 jogos, 13 gols)

juninho pernambucano

O jogador que chorou durante o Hino Nacional na Copa da Alemanha.

NO DIA 1.º DE JULHO DE 2006, o Brasil jogou contra a França, em Frankfurt, pelas quartas de final da Copa do Mundo da Alemanha.

Durante a execução do Hino Nacional brasileiro, as câmeras de televisão fizeram o passeio tradicional pelos jogadores da Seleção. Um deles cantava chorando.

Era Antônio Augusto Ribeiro Reis Júnior, o Juninho Pernambucano.

Ele disputava sua primeira Copa do Mundo, aos 31 anos. Tinha bons motivos, portanto, para concluir que dificilmente voltaria. Contra a França, era titular pela segunda vez. Mas sentia algo diferente em relação ao momento, na semana anterior, em que também ouviu o Hino Nacional, perfilado no gramado antes de enfrentar o Japão.

O jogo contra os japoneses foi praticamente um amistoso dentro da Copa. O último da primeira fase, que serviu apenas para definir o cruzamento das oitavas de final. Alguns titulares foram poupados contra uma seleção muito inferior. Juninho entrou e fez o melhor com sua oportunidade, marcando um gol na vitória por 4 x 1.

Mas diante da França era outra história. Jogo eliminatório, adversário de péssimas lembranças, estádio tomado pela tensão que marca os grandes encontros do futebol. Típico ambiente com o qual futuros jogadores, ainda meninos, sonham repetidas vezes. E a hora do hino é quando a ficha cai.

Juninho ainda tinha uma relação particular com o jogo. Havia cinco anos, a França era sua casa. Cinco títulos nacionais seguidos, conquistados com o Lyon, fizeram-no famoso no país que, naquela noite em Frankfurt, ele queria derrotar.

Por isso, por tudo, e porque são poucos os que conseguem compreender o significado de jogar uma Copa do Mundo pelo Brasil, Juninho chorou.

O Brasil, como se sabe, perdeu. O que garantiu que as emoções daquele sábado fossem as últimas de Juninho como jogador da Seleção.

Não pense que restou um pingo de arrependimento (fora o resultado, é claro). Pois Juninho não é assim.

Ele é o jogador que chegou ao Vasco numa transação que envolvia outro nome, considerado mais promissor, e se transformou num dos grandes ídolos do clube.

Ele é o jogador que conquistou quase todos os títulos imagináveis pelo Vasco – incluindo a única Copa Libertadores do clube –, mas se recusou a dar a volta olímpica no dia em que o alambrado do Estádio de São Januário caiu e 170 pessoas se feriram.

O jogador que nunca deixou de cumprir suas obrigações no Vasco, mas que não aceitou a ordem vinda de um cartola, de triste memória, para não falar com jornalistas.

O jogador que, cansado da desorganização e dos salários atrasados, buscou na justiça o direito de deixar o Vasco e ir jogar na França.

O jogador que, em 2002, levou o Lyon ao primeiro título do Campeonato Francês de sua história. E depois ajudou o clube a ganhar mais *seis* campeonatos seguidos.

O jogador que chorou durante o Hino Nacional na Copa da Alemanha.

Juninho Pernambucano é uma exceção. Num mundo de subserviência e lugares-comuns, ele é um jogador de futebol que não tem apenas pés.

Tem cérebro – e voz.

Nome: Antônio Augusto Ribeiro Reis Júnior
Nascimento: 30/1/1975, em Recife (PE)
Clubes: Sport (1993-1994), Vasco (1995-2001), Lyon-FRA (2001-2009), Al-Gharafa-QAT (desde 2009)
Seleção Brasileira: 1999-2006 (36 jogos, 4 gols)

júnior

Júnior jogou muito e em todas as posições em que foi escalado.

VOCÊ PODE GUARDAR NA MEMÓRIA uma série de grandes momentos de Júnior pela Seleção Brasileira. Ele mesmo os carrega na lembrança. O gol da vitória sobre a Alemanha, no Maracanã, em 1982. Ou o gol contra os alemães num amistoso disputado em Stuttgart, um ano antes. Qualquer glória com a camisa da Seleção será ofuscada pelo brilho de Júnior com a camisa 5 do Flamengo, na campanha do Brasileirão de 1992.

Dizem que Garrincha e Maradona carregaram sozinhos suas seleções para títulos mundiais, em 1962 e 1986. Pois, se Júnior não foi sozinho o responsável pelo quinto título nacional do Flamengo, até mesmo os craques que dividiram com ele aquela campanha reconhecem que o time não teria o mesmo sucesso não fosse seu maestro.

– Naquele ano, Júnior jogou demais! – avaliza o meia Zinho, coadjuvante de luxo.

A imagem definitiva veio no primeiro jogo da decisão contra o Botafogo. O Flamengo eliminara o Vasco, melhor equipe do torneio. Mesmo assim chegava como azarão contra o Botafogo, com a segunda melhor campanha. Até Júnior marcar, de falta, o primeiro gol da decisão. E, na sequência, aplicar uma série de dribles desconcertantes em Renato Gaúcho, símbolo da superioridade técnica dos alvinegros sobre os rubro-negros. Superioridade até aquele momento.

Júnior começou a encantar naquele Brasileirão 92, ainda na primeira fase. Especialmente ao destruir o Corinthians no Pacaembu, numa vitória por 3 x 1 em que só não fez chover. Na decisão, além de marcar o gol de falta nos 3 x 0 do primeiro jogo, fez o gol que abriu o empate por 2 x 2 da finalíssima, o jogo do quinto título brasileiro do Fla.

Naquele ano, era meia-armador clássico, daqueles que jogam de cabeça erguida e vislumbram a jogada infalível a quilômetros de distância. Até chegar ao meio de campo, jogou em todas no Flamengo. Em 1974, fez o gol do título da Taça Guanabara, num tiro da intermediária que enganou o goleiro Rogério, do América. Quando o Flamengo contratou o lateral Toninho, em 1977, Júnior foi deslocado para o lado esquerdo. Sofreu.

Primeiro porque não tinha o pé esquerdo para fazer os cruzamentos com a mesma competência que no lado oposto. Segundo porque os críticos não tiveram a paciência necessária. Em 1978, o Flamengo foi goleado por 5 x 2 pelo Grêmio, e Júnior, apontado como o responsável pelo fracasso.

– Esse não pode ser o lateral – decretou o comentarista Washington Rodrigues.

No ano seguinte, Júnior estava na Seleção Brasileira.

– Mas só senti que era dono do terreno em 1982, na decisão do Brasileirão. O Flamengo perdia por 1 x 0 e fiz o cruzamento para o gol de Zico com o pé esquerdo.

No Flamengo, também jogou de zagueiro, na volta da Itália, em 1989. Mas o meio de campo foi sua praia a partir da chegada ao Torino, em 1984. Até abandonar a carreira, no início de 1993, já com a glória de ter levado o Flamengo ao quinto troféu nacional. Júnior jogou muito e em todas as posições em que foi escalado. A melhor palavra para defini-lo seria versatilidade. Seria, se o dicionário não incluísse a palavra craque.

Nome: Leovegildo Lins Gama Júnior
Nascimento: 29/6/1954, em João Pessoa (PB)
Clubes: Flamengo (1974-1984), Torino-ITA (1984-1987), Pescara-ITA (1987-1989), Flamengo (1989-1993)
Seleção Brasileira: 1979-1992 (69 jogos, 6 gols)

kaká

Orgulho milanista, orgulho brasileiro.

A IMPORTÂNCIA DE KAKÁ PARA O FUTEBOL do final da década de 2000 resume-se à frase do presidente do Milan, Adriano Galliani, no final da temporada 2008/2009. Enquanto a Inter, rival histórica do clube de Milão, nadava de braçada em direção ao inédito tetracampeonato, Galliani declarava:

– Com Kaká, temos mais pontos do que eles.

Orgulho milanista, orgulho brasileiro. Em 2007, Kaká foi eleito o melhor jogador do planeta pelas atuações espetaculares que levaram o Milan ao título da Champions League. Entre as ações especiais, o gol de placa na derrota por 3 x 2 para o Manchester United, em Old Trafford. Após um lançamento da defesa, desviou de cabeça entre os dois zagueiros e marcou o gol que deixou o clube italiano a uma vitória simples de eliminar o gigante inglês.

Em maio de 2009, Galliani referia-se à incrível diferença dos resultados do Milan com e sem seu principal jogador. Com Kaká, 79% de aproveitamento, com 16 vitórias em 23 jogos como titular. Sem Kaká, 6 pontos em 21 jogos disputados.

A história de Kaká mistura gols e religião. Quando ainda era candidato a craque do São Paulo, em 2000, sofreu um acidente num parque aquático em Goiás e ficou ameaçado de nunca mais voltar a jogar.

A pergunta geral era: como o reserva da Copinha virava herói assim, em tempo recorde?

A resposta estava na recuperação de sua lesão.

Um ano depois, ídolo do São Paulo, disputava a Copa do Mundo vestindo a camisa 23. Jogou dezoito minutos na goleada sobre a Costa Rica, por 5 x 2, no lugar de Rivaldo.

Mais quatro anos e chegava ao segundo Mundial, dessa vez como protagonista. Mas questões físicas sempre tiveram a ver com os raros momentos de Kaká em má forma técnica. Em 2006, começou a Copa do Mundo como principal jogador da Seleção Brasileira. Terminou jogando mal contra a França. Meses depois, a explicação:

– Joguei com dores e decidi não repetir isso, porque era crucificado, sem que as pessoas soubessem que tinha uma lesão.

O mesmo aconteceu nos meses seguintes à eleição de melhor do planeta, em 2007. Passou um ano e meio, entre o dia em que levantou o troféu e o dia que recebeu os elogios de Galliani, sem jogar no mais alto nível. Mesmo sem atuar bem por esse período, foi alvo da maior proposta do futebol mundial em janeiro de 2009 e recusou ser vendido por 110 milhões de euros para o Manchester City, da Inglaterra.

Por instantes, teve problemas com a comissão técnica da Seleção Brasileira por não conseguir mostrar que sua ausência em alguns jogos seria benéfica para se recuperar fisicamente. Quando se recuperou, foi o primeiro a anunciar que estava pronto para a Copa das Confederações. E pronto para ser o líder da Seleção Brasileira na campanha de seu terceiro Mundial.

Nome: Ricardo Izecson dos Santos Leite
Nascimento: 22/4/1982
Clubes: São Paulo (2001-2003), Milan-ITA (2003-2009), Real Madrid-ESP (desde 2009)
Seleção Brasileira: desde 2002

win.com

Com Kaká, temos mais pontos do que eles."

Adriano Galliani, presidente do Milan

leandro

Leandro era um jogador de defesa com talento para atuar no meio de campo.

O MAIOR LATERAL-DIREITO DA HISTÓRIA DO FLAMENGO virou jogador de futebol meio por acaso.

Em Cabo Frio, onde nasceu, Leandro era craque nas peladas, no futebol de salão, no futebol de praia. Mas o sonho de jogar profissionalmente, de preferência no clube do coração, parecia coisa de filme.

Aos 17 anos, ele foi com um primo para o Rio de Janeiro, por causa de um pré-vestibular. O ponto final do ônibus era exatamente na frente da Gávea. O primo sabia que tipo de jogador Leandro poderia ser – já tinha visto de perto. Sugeriu que ele fizesse um teste no Flamengo. Leandro respondeu que faria o teste, mas que não tinha coragem de entrar no clube sozinho para fazer o pedido.

O primo pediu. O resto é uma das mais lindas histórias entre um craque e uma camisa que o futebol brasileiro pode contar.

Dois treinos, em 1976, foram suficientes para o Flamengo aprovar o rapaz que tinha "pernas de vaqueiro" e futebol para jogar em todas as posições. Dois anos foi o tempo que demorou para o jovem rubro-negro aparecer no time principal, ao lado dos ídolos que o faziam torcer, ouvindo os jogos pelo rádio.

Leandro só saiu do Flamengo catorze anos depois, campeão de tudo o que disputou, para se aposentar.

Foi um lateral-direito extraordinário. Seguro na defesa, tinha tanta técnica que driblava os atacantes adversários dentro da própria área. No ataque, era uma arma, pela lateral do campo. Cruzava bem, chutava forte com os dois pés.

Leandro era um jogador de defesa com talento para atuar no meio de campo. Não gostava de dar chutões para a frente, preferia sair jogando, e o fazia com estilo. Tinha força para correr o campo todo, um jogador completo.

Seu único ponto fraco era o joelho esquerdo, vítima de uma lesão maltratada quando mais jovem, que evoluiu para uma artrose com a qual ele teve de lidar desde os 20 e poucos anos.

Mas o joelho problemático, de certa forma, também o ajudou. Por causa dele, um empréstimo para o Internacional, em 1979, foi vetado pelos médicos do clube gaúcho. E Leandro não perdeu seu lugar nos fantásticos times que o Flamengo montou na década de 80.

Telê Santana, que viu Djalma Dias e Carlos Alberto Torres e, mesmo assim, considerava Leandro o melhor lateral-direito que o Brasil já teve, o levou para a Seleção. Ele foi titular absoluto do lendário time que disputou a Copa de 1982 na Espanha.

E só não foi ao Mundial seguinte porque pediu para ser dispensado, solidário ao amigo Renato Gaúcho, cortado por Telê por causa de uma indisciplina que os dois cometeram juntos.

No Flamengo, Leandro será sempre um mito. A história do ex-frequentador das arquibancadas do Maracanã, que bateu à porta do clube do coração, ganhou todos os títulos imagináveis e nunca usou outra camisa, é um patrimônio rubro-negro. Catorze anos de paixão e conquistas.

O sonho de Leandro era pura realidade. Jogar no Flamengo era mesmo coisa de filme.

Nome: José Leandro de Souza Ferreira
Nascimento: 17/3/1959, em Cabo Frio (RJ)
Clube: Flamengo (1976-1990)
Seleção Brasileira: 1981-1986 (26 jogos, 2 gols)

leão

Émerson Leão era um goleiro perfeccionista e uma personalidade impossível de ignorar.

ÉMERSON LEÃO COSTUMA DIZER que não foi um goleiro, foi um especialista.

Se pensarmos que não é fácil encontrar um goleiro que tenha sido titular da Seleção Brasileira por oito anos e participado de quatro Copas do Mundo, a diferença fica mais clara.

Talvez Leão queira dizer que, para ele, a vida embaixo do travessão não foi obra da exclusão.

Desde que o futebol existe, as peladas são verdadeiras escolas de goleiros, em que o teste de admissão é a falta de habilidade para jogar na linha e a média para aprovação é baixíssima. Quem não sabe jogar bola vai para o gol. E lá fica.

Se Leão foi um produto desse "processo de seleção", foi um desses momentos em que o universo trabalhou para promover o encontro entre uma pessoa e sua vocação.

Goleiro não é posição, é profissão. Desnecessário entrar no terreno das particularidades, nos treinos e jogos, que diferenciam quem usa luvas. E, se é possível formar um goleiro na base da transpiração e da repetição, aqueles que nasceram para jogar futebol com as mãos estarão sempre à frente.

Leão encaixa-se na descrição. Provavelmente já era goleiro antes mesmo de nascer.

Em 1968, aos 19 anos, chegou do interior de São Paulo ao Palmeiras. No ano seguinte, o titular Chicão machucou-se num jogo do Campeonato Paulista. Leão vestiu a camisa 1 e só a tirou uma década inteira depois.

A longevidade no gol palmeirense diz muito a respeito de Leão. O clube talvez seja a casa da melhor linhagem de goleiros da história do futebol brasileiro. Oberdan Cattani (anos 40), Valdir Joaquim de Moraes (anos 60), Leão e Marcos. Muitos outros foram bons, ou até mais, mas não como eles.

Em 2005, durante a gravação do programa *Bola da Vez*, da ESPN Brasil, Leão foi questionado sobre quem era o melhor goleiro palmeirense de todos os tempos. Ao responder que era Marcos, passou a impressão de estar sendo gentil. Para ele, pode ser difícil falar de si mesmo. Para quem viu os dois jogarem, pode ser difícil escolher um.

Pelo Palmeiras, ganhou três Campeonatos Paulistas (1972, 1974 e 1976) e dois Brasileiros (1972 e 1973).

Após sair do clube que o define como jogador, continuou ganhando títulos. Foi campeão gaúcho e brasileiro pelo Grêmio (1981) e campeão paulista pelo Corinthians (1983).

Ter ido a quatro Copas do Mundo é a grande distinção da carreira de Leão. Prova de que ele não apenas foi muito bom, mas muito bom por muito tempo. Com 21 anos, foi convocado como o terceiro goleiro e viu de perto a campanha do tricampeonato no México, em 1970. Titular nos dois Mundiais seguintes, na Alemanha e na Argentina, Leão voltou à reserva em 1986, novamente no México.

Émerson Leão era um goleiro perfeccionista e uma personalidade impossível de ignorar. Sempre formou as próprias opiniões e nunca as escondeu.

Mas quem fala melhor por ele é seu currículo.

O currículo de um especialista.

Nome: Émerson Leão
Nascimento: 11/6/1949, em Ribeirão Preto (SP)
Clubes: Comercial (1967), São José (1968), Palmeiras (1968-1978, 1984-1986), Vasco (1979-1980), Grêmio (1981-1983), Corinthians (1983), Sport (1987)
Seleção Brasileira: 1970-1986 (80 jogos)

leivinha

Leivinha é um dos grandes ídolos da história do Palmeiras, mas fez história contra o clube onde se consagrou.

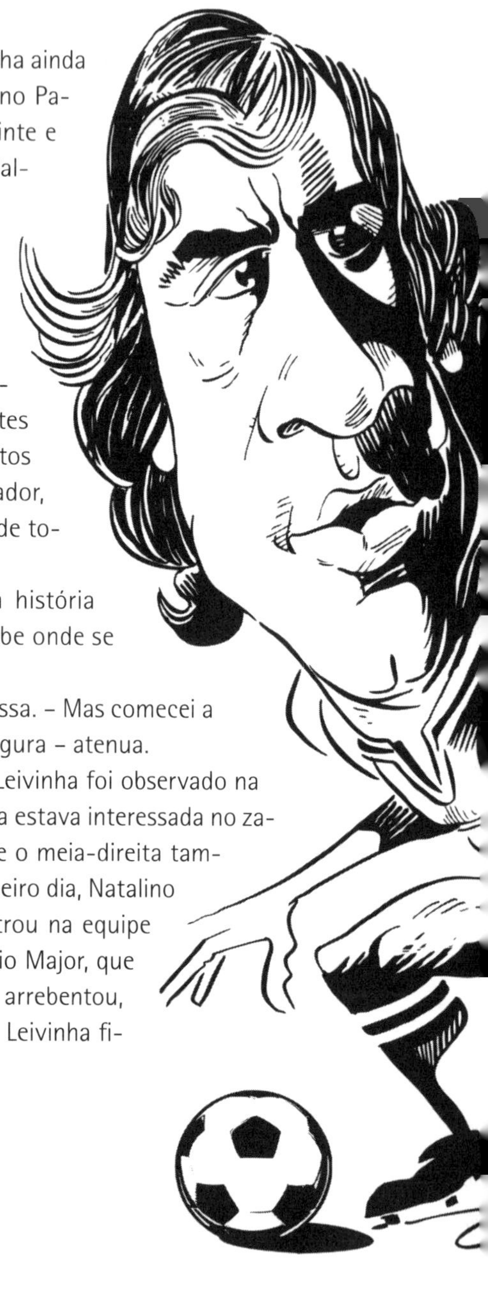

A NOITE ERA DE 22 DE MAIO DE 1968. Leivinha ainda era um garoto, dando os primeiros passos no Pacaembu, quando a bola lhe apareceu aos vinte e um minutos do segundo tempo. O jogo do Palmeiras era importante. O time corria risco de rebaixamento no Campeonato Paulista, e Leivinha não hesitou. Tocou forte para o fundo da rede. Gol da Portuguesa.

Leivinha fez história no Parque Antártica, mas antes fez história contra o Palmeiras. Entre 1967 e 1969, os olhos de dirigentes do Palmeiras, Corinthians, São Paulo e Santos fitavam aquele camisa 8, excelente cabeceador, cabelos loiros ligeiramente compridos, gols de todos os tipos.

Leivinha é um dos grandes ídolos da história do Palmeiras, mas fez história contra o clube onde se consagrou.

– Na infância, eu era corintiano – confessa. – Mas comecei a carreira muito cedo e aí a coisa mudou de figura – atenua.

Em 1966, antes de completar 17 anos, Leivinha foi observado na Linense por um diretor da Portuguesa. A Lusa estava interessada no zagueiro Natalino, mas o olheiro percebeu que o meia-direita também levava jeito. Contratou os dois. No primeiro dia, Natalino foi escalado no time reserva e Leivinha entrou na equipe titular por causa de uma lesão do meia Sílvio Major, que mais tarde jogaria no Corinthians. Leivinha arrebentou, justamente na região onde atuava Natalino. Leivinha ficou. O zagueiro voltou para Lins.

Na estreia contra o São Paulo, havia um motivo extra para que Leivinha não chamasse a atenção:

- O Didi estreava com a camisa tricolor - lembra.

Na verdade, o primeiro jogo oficial, porque o craque da "folha-seca" já havia disputado um amistoso pelo São Paulo. A estreia em jogos oficiais foi ofuscada pela grande atuação da Lusa, vitoriosa pelo placar de 2 x 0, gols de Ivair e Paes.

Em 1971, Leivinha já estava consagrado e o Palmeiras tratou de contratá-lo. Negócio fechado com um colegiado de dirigentes palmeirenses colocando dinheiro na transação. E então o presidente da Portuguesa, Oswaldo Teixeira Duarte, decidiu melar o acordo.

- Estava tudo certo e ele vetou. Aí eu briguei com ele - diz Leivinha.

Brigou também para jogar. O craque lembra-se de que Rubens Minelli, o técnico do Palmeiras, relutava em escalá-lo porque tinha o uruguaio Héctor Silva no elenco. Leivinha estreou numa goleada por 4 x 0 sobre o Guarani, marcando o segundo gol.

Nunca mais parou. Em 263 jogos, balançou as redes 105 vezes, foi campeão paulista duas vezes, outras duas do Brasileirão, chegou à Seleção Brasileira, jogou a Copa de 1974, fez o que na época se chamou de milésimo gol da Seleção, numa partida contra a Bolívia, no Maracanã. Só deixou o Brasil para disputar o Campeonato Espanhol pelo Atlético de Madrid, em 1975. Seguiu com Luís Pereira, quase repetindo a história de sua transferência da Linense para a Portuguesa.

- Cheguei para substituir Luis Aragonés, ídolo da torcida do Atlético.

Foi companheiro de Luís Pereira no time titular e dirigido pelo próprio Luis Aragonés, na campanha do título espanhol de 1977.

Ainda voltou ao Brasil para disputar 11 partidas pelo São Paulo. Fez só 2 gols. Não, não poderia de novo fazer história contra o Palmeiras. Os últimos gols de sua carreira foram contra a Portuguesa.

Nome: João Leiva Campos Filho
Nascimento: 11/9/1949, em Novo Horizonte (SP)
Clubes: CSA (1950-1954), Flamengo (1954-1963), Portuguesa (1964-1966), Atlético Junior-COL (1966-1968)
Seleção Brasileira: 1972-1974 (21 jogos, 7 gols)

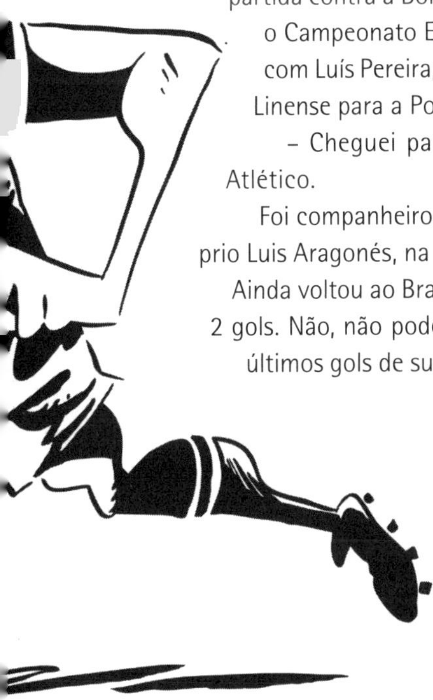

leonardo

RESPONDA RÁPIDO: de que você se lembra mais quando o assunto é Leonardo?

Da cotovelada em Tab Ramos que o tirou da Copa dos Estados Unidos a partir do quarto jogo?

Ou do golaço espetacular, em que tirou quatro marcadores antes de finalizar, quando jogava pelo Kashima Antlers do Japão?

Claro que a resposta é a cotovelada, como mostra a ordem em que os fatos foram aqui apresentados.

Leonardo está na memória do torcedor brasileiro, mas como coadjuvante, em todas as suas passagens por clubes do Brasil. Lateral-esquerdo do time de Zico, campeão da Copa União de 1987. Lateral que se transformava em meia-esquerda no São Paulo de Telê Santana, campeão brasileiro de 1991. Meia-armador de talento, no mesmo São Paulo de Telê, campeão mundial em 1993.

Tudo isso teve o brilho do pé esquerdo desse fluminense de Niterói. E, mesmo assim, sua jogada mais espetacular aconteceu quando atuava pelo Campeonato Japonês. E seu lance mais marcante foi a cotovelada em Tab Ramos, que provocou a suspensão por cinco jogos e sua ausência na decisão do título mundial contra a Itália.

Leonardo era dos mais polivalentes jogadores daquela geração tetracampeã em 1994. Polivalente em campo, foi

Leonardo era dos mais polivalentes jogadores daquela geração tetracampeã em 1994.

lateral-esquerdo do Flamengo, meia-esquerda do São Paulo, meia-direita na Seleção de 1998, ponta-direita no 3-4-3 do Milan, campeão italiano da temporada 1998/1999.

Polivalente fora do campo, adaptou-se ao estilo de vida da Espanha e jogou no Valencia; ao do Japão e atuou pelo Kashima Antlers; ao da França e disputou o Campeonato Nacional pelo Paris Saint-Germain. Na Itália, foi campeão pelo Milan.

Polivalente para se comunicar, dava entrevistas em cinco idiomas durante o Mundial de 1998. Produzia até brincadeiras da imprensa, com sua expressão mais característica: momento mágico. *"Questo é um momento mágico"*, em italiano; *"It's a magic moment"*, em inglês; *"Ces't un moment magique"*, em francês; *"És un momento mágico"*, em espanhol; *"É um momento mágico"*, em português.

A cada entrevista, a felicidade por estar na Seleção Brasileira em sua segunda Copa do Mundo ficava evidente, de modo prepotente, até.

No ano seguinte, a felicidade já não era a mesma, quando serviu à Seleção com Vanderlei Luxemburgo, às vésperas da Copa América de 1999. Leonardo queria a braçadeira de capitão e deixou claro que esse era um dos motivos para o pedido de dispensa. Pela segunda vez, perdeu a chance de ser campeão com a camisa amarela, dessa vez por não querer fazer parte do grupo de jogadores que viajou para o Paraguai.

E assim, pela Seleção, deixou a mais forte imagem, graças à cotovelada em Tab Ramos.

Injustiça do destino.

Leonardo pode ser lembrado por muito mais. Por exemplo, pelo gol histórico num jogo São Paulo x Flamengo. Podia estar de rubro-negro ou de tricolor, mas nesse dia fazia parte do time de Telê, no Morumbi. Cortou para seu preciso pé esquerdo, passou por dois marcadores e finalizou de fora da área. O gol ajudou o São Paulo a empatar por 2 x 2 e ganhar nos pênaltis o título da Recopa de 1993.

Faixas de campeão nunca faltaram a Leonardo. Nem quando ele não pôde estar presente no jogo da taça.

Nome: Leonardo Nascimento de Araújo
Nascimento: 5/9/1969, em Niterói (RJ)
Clubes: Flamengo (1987-1990), São Paulo (1990-1991), Valencia-ESP (1991-1993), São Paulo (1993-1994), Kashima Antlers-JAP (1994-1996), Paris Saint-Germain-FRA (1996-1997), Milan-ITA (1997-2001), São Paulo (2001-2002), Flamengo (2002), Milan-ITA (2002-2003)
Seleção Brasileira: 1990-1999 (55 jogos, 7 gols)

leônidas da silva

> Os gols e as jogadas de efeito aconteciam em velocidade inversamente proporcional à conquista de títulos.

LEÔNIDAS É O MAIOR CRAQUE BRASILEIRO antes de Pelé. Tem na biografia apelidos que definem sua incrível capacidade goleadora, alguns criados longe do Brasil. Virou "Diamante Negro" e "Homem de Borracha", epítetos que os franceses criaram logo depois da Copa de 1938. Um dos motivos: o aperfeiçoamento da bicicleta, a jogada em que lançava o corpo no ar e virava de maneira acrobática em direção ao gol.

Mas a biografia de Leônidas tem uma diferença em relação à de todos os demais craques do futebol brasileiro. Em 1941, já estrela de primeiro quilate, consagrado como craque da Copa e ídolo da maior torcida do Brasil – a do Flamengo –, o Homem de Borracha foi preso. Acusado de ter falsificado sua documentação do serviço militar, Leônidas passou oito meses na cadeia, em Realengo, no Rio de Janeiro.

O episódio foi definitivo para encerrar seu ciclo no Flamengo, onde havia chegado em 1938 e conquistado apenas um Campeonato Carioca, em 1939.

Muito antes da Gávea, a carreira de Leônidas começou como a de dezenas de jogadores comuns e desconhecidos. No São Cristóvão, iniciou uma peregrinação por clubes do subúrbio carioca. Em 1931, ainda nos tempos do amadorismo, teve sua transferência para o Bonsucesso. Ganhou de luvas dois ternos e uma calça de veludo.

O profissionalismo o carregou para o Uruguai. Por lá, os jogadores podiam receber dinheiro para jogar futebol desde 1931. No Brasil, o amadorismo marrom produzia discursos sobre amor à camisa ao mesmo tempo que jogadores de destaque arrumavam as malas e rumavam para outras plagas da América do Sul.

Domingos da Guia seguiu para Argentina e Uruguai. Leônidas foi contratado pelo Peñarol.

Mas os primeiros anos de carreira produziram um estranho efeito em Leônidas. Os gols e as jogadas de efeito aconteciam em velocidade inversamente proporcional à conquista de títulos. Em Montevidéu, o Peñarol não foi campeão, e o título ficou com o maior rival, o Nacional, de Domingos da Guia. No ano de 1934, de título carioca do Vasco, Leônidas voltou ao Brasil para defender o clube da Cruz de Malta, mas sua chegada se deu após o time vestir a faixa de campeão. O jejum só se encerraria em 1939, com sua única taça vestido de rubro-negro.

O Flamengo preparava-se para ser tricampeão em 1942/1943/1944, quando Leônidas deixou a Gávea, logo depois de sair da prisão e de se desentender com dirigentes. Mudou-se para o São Paulo e foi recebido por 20 mil enlouquecidos torcedores. O tricolor tinha a mesma sina de Leônidas. Dizia-se que no Campeonato Paulista a sorte bem poderia ser definida no cara ou coroa. Se a moeda caísse com "cara", o campeão seria o Corinthians. Se desse "coroa", o Palmeiras. O São Paulo? Só se a moeda caísse em pé.

Bem, Leônidas era o "Diamante Negro", mas também atendia por "Homem de Borracha". Bem pôde fazer mais esse malabarismo. O título estadual de 1943 mudou a história do São Paulo, e o tricolor, a vida de Leônidas. Só parou de fazer gols em 1950, cinco taças mais tarde.

Nome: Leônidas da Silva
Nascimento: 6/9/1913, no Rio de Janeiro (RJ)
Falecimento: 24/1/2004, em Cotia (SP)
Clubes: São Cristóvão (1928-1930), Bonsucesso (1931-1932), Peñarol (1933), Vasco (1934), Brasil-RJ (1935), Botafogo (1935-1936), Flamengo (1936-1941), São Paulo (1942-1950)
Seleção Brasileira: 1932-1946 (19 jogos, 21 gols)

"Leônidas é o maior craque brasileiro antes de Pelé."

lucio

Aos 31 anos, Lucio tornou-se a imagem de tranquilidade de que qualquer time precisa.

HÁ MUITA GENTE QUE OLHA TORTO PARA LUCIO. Começando por Roger, o meia com quem quase saiu no tapa no campo de jogo em Sydney, durante as Olimpíadas de 2000. Dali em diante, não foram poucos os que definiram Lucio como um zagueiro vigoroso, mas de uma loucura cometida por partida.

Injusto.

A fama de beque comum também ganhou força com um deslize grosseiro nas quartas de final da Copa de 2002. No início da partida contra a Inglaterra, uma bola lançada para Michael Owen só chegou ao pé direito do atacante porque passou por uma falha do zagueiro brasileiro.

A Seleção recuperou-se com gols de Rivaldo e Ronaldinho, chegou à decisão e ergueu a taça. Mas poucos referiram-se a Lucio, no restante da década de 2000, como o indiscutível zagueiro do penta.

E era.

A primeira convocação para o time olímpico de 2000 era fruto de um trabalho firme realizado durante a "Copa João Havelange", como foi chamado o Campeonato Brasileiro de 2000. No frágil time do Internacional, Lucio era a segurança da defesa.

Do Inter, seguiu para o Bayer Leverkusen, clube famoso por contratar alguns dos primeiros jogadores brasileiros para o futebol alemão. Em Leverkusen, o meia Tita, ex-Flamengo, Vasco e Grêmio, chegou à decisão da Copa da Uefa de 1988. Mas Lucio foi mais longe. Com a camisa rubro-negra da equipe do Bayer, chegou à finalíssima da Champions League de 2002 contra o Real Madrid de Zidane e Roberto Carlos.

Mais que isso. O Bayer saiu perdendo por 1 x 0, com gol de Raúl, logo aos oito minutos da partida realizada em Glasgow. Aos catorze minutos, foi Lucio quem empatou o jogo e recolocou os alemães na disputa.

A derrota só se confirmou contra o time mais poderoso da Europa naquela época graças a uma jogada de gênio produzida por Zinedine Zidane. Um sem-pulo de pé esquerdo que morreu no ângulo direito do goleiro Butt.

A partida e o bom trabalho em Leverkusen provocaram a venda de Lucio ao Bayern de Munique em 2004, onde passou cinco temporadas brilhantes, com 3 títulos nacionais, em 2005, 2006 e 2008.

Por tudo isso, virou capitão da Seleção Brasileira, a partir do início da era Dunga.

Isso até lhe valeu críticas, quando a CBF marcou amistoso contra a Suécia que coincidia com o aniversário de cinquenta anos do primeiro título mundial, conquistado exatamente contra os suecos. Lucio tratou o tema como irrelevante; demonstrou desconhecer a história da Copa de 1958.

– Como assim, o capitão não sabe do que se trata? – foi a pergunta geral.

As boas atuações, particularmente no ano de 2009, fizeram desaparecer o mal-estar. Lucio transformou-se na principal referência da equipe de Dunga, no sistema defensivo. Mais até que Juan, frequentemente ausente por lesão.

Como capitão, ergueu a taça da Copa das Confederações, na África do Sul. Isso lhe valeu a transferência para a Internazionale de Milão, com status de grande zagueiro do futebol mundial.

Hoje ele não esquenta a cabeça, como quando batia boca com Roger, na Olimpíada de Sydney. Aos 31 anos, Lucio tornou-se a imagem de tranquilidade de que qualquer time precisa.

Nome: Lucimar da Silva Ferreira
Nascimento: 8/5/1978
Clubes: Internacional (1997-2001), Bayer Leverkusen-ALE (2001-2004), Bayern-ALE (2004-2009), Internazionale-ITA (desde 2009)
Seleção Brasileira: desde 2000

luís pereira

LUÍS PEREIRA CHEGOU AO PALMEIRAS como a esperança. Não de ter um zagueiro forte, vigoroso, mas de fazer nascer a partir dele, e de outros jogadores jovens, uma geração mais vencedora do que a anterior. Não que Tupãzinho, Julinho, Gildo, Ademar Pantera formassem uma equipe frágil. Longe disso. É que o ano de 1968, de ameaça de rebaixamento no Campeonato Paulista e de derrota na decisão da Copa Libertadores contra o Estudiantes, deixou má impressão.

O ano de 1969 começou com novidades. Rubens Minelli era o técnico, Baldocchi ganhava lugar na zaga, Luís Pereira foi cavando sua vaga de titular aos poucos. No início da temporada seguinte, já era o dono da camisa 3. Durante anos, apresentou sua receita para amedrontar os atacantes que surgiam à sua frente:

– Fingia dar o bote e recuava, para tomar a bola quando o avante não esperava.

Foi com essa receita de futebol sóbrio, mas elegante, de avanços frequentes, mas seguros, ao ataque, que Luís Edmundo Pereira começou a se transformar no maior zagueiro da história do Palmeiras. Observe a lista dos principais defensores que poderiam estar à sua frente: gente como Djalma Dias, Baldocchi, Waldemar Fiúme, Aldemar, Gamarra, Marinho Peres... Mas não. Nenhum foi melhor que Luís Pereira.

Na chegada, o apelido Luís Chevrolet, marca da força com que partia da defesa para o ataque nos tempos em que atuava pelo São Bento, de Sorocaba.

Fingia dar o bote e recuava, para tomar a bola quando o avante não esperava.

Jogou como titular a Copa de 1974. Foi bem, apesar de se tornar na Alemanha o primeiro jogador brasileiro a receber um cartão vermelho em Copas do Mundo.

Titular do Palmeiras até 1975, só deixou o clube por causa de uma proposta tentadora do Atlético de Madrid. Seguiu para a Espanha, depois de lá conquistar, com a camisa do Palmeiras, o Torneio Ramón de Carranza. Os dirigentes do Atlético encantaram-se e levaram também o atacante Leivinha, além do zagueiro vigoroso.

Leivinha deveria ser a principal estrela. Mas não foi bem assim. Na temporada 1976/1977, a segunda com os dois na Espanha, Leivinha sofreu com as lesões. Luís Pereira, não.

– Foi a campanha em que atuei em praticamente todas as partidas, e o Leivinha, não. A temporada em que fomos campeões.

Isso explica o fato de Leivinha ter voltado ao Brasil para jogar pelo São Paulo em 1978, e Luís Pereira ter permanecido até 1980, ano em que foi comprado pelo Flamengo, sua única experiência ruim no futebol. No Fla, não encontrou seu espaço – acabou voltando ao Parque Antártica para ser líder de uma equipe já sem a mesma força daquela que integrara em sua primeira passagem. Trabalhou com treinadores como Rubens Minelli, Mário Travaglini e Fedato. Foi ídolo da torcida, carente de bons resultados. Até uma partida contra o Santos, pelo Paulistão de 1984.

Já perto do fim da carreira, não conseguiu parar o rebote de uma falta, cobrada pelo santista Márcio Rossini, na trave do goleiro Leão. A bola tocou sua canela direita e foi parar no fundo da rede. O jogo aconteceu em outubro e, no final daquele ano, chegou a informação de que o Palmeiras não pretendia renovar seu contrato. A tristeza abateu-se sobre o ídolo e sobre a torcida. Luís Pereira seguiu sua carreira fazendo sucesso em clubes de menor expressão. Mas teve ainda a chance de jogar pelo Corinthians. E, principalmente, de liderar a Portuguesa ao vice-campeonato paulista de 1985.

Nome: Luís Edmundo Pereira
Nascimento: 21/6/1949, em Juazeiro (BA)
Clubes: São Bento (1967-1968), Palmeiras (1968-1974), Atlético de Madrid-ESP (1974-1980), Flamengo (1980-1981), Palmeiras (1981-1984), Portuguesa (1985-1986), Corinthians (1986), Santo André (1987), Central de Cotia (1988-1989), São Caetano (1990-1992), São Bernardo (1993), São Bento (1994), São Caetano (1997)
Seleção Brasileira: 1973-1977 (32 jogos, 0 gol)

luizão

DAQUI A MUITOS E MUITOS ANOS, quando os netos de Luizão perguntarem qual era a profissão dele, a resposta será:

- Vovô foi campeão.

- Campeão?! Como assim? – a garotada vai querer saber.

Então, Luizão colocará todos sentados em volta dele e começará a contar sua longa história de títulos.

É conversa para mais de hora.

Não é fácil ser campeão num esporte coletivo. Cada conquista é uma feliz união de eventos, que premia um grupo de jogadores com características e histórias diferentes. Para cada um deles, tudo é uma questão de lugar certo, hora certa e, claro, trabalho bem-feito.

No futebol, ninguém ganha título por sorte. Costuma-se dizer que os jogadores que têm o privilégio de fazer parte de vários grupos campeões são jogadores que têm "estrela". As coisas simplesmente dão certo quando eles estão por perto.

Não é correto dizer que Luizão tem estrela. Melhor seria dizer que ele é dono do céu. E de uma impressionante coleção de troféus.

Não há um título importante no futebol brasileiro que Luizão não tenha conquistado.

Produto das categorias de base do Guarani, Luizão ficou no clube do interior de São Paulo até 1993, quando foi emprestado ao Paraná. O que aconteceu naquele ano? O Paraná Clube foi campeão estadual.

Após retornar ao Guarani por mais dois anos, foi vendido ao Palmeiras, onde fez parte, em 1996, do inesquecível time que marcou 102 gols no Campeonato Paulista. Luizão, autor de 22 desses gols, foi o artilheiro do time (perdeu a artilharia do campeonato para Giovani, do Santos, por 1 gol) e conquistou o segundo título estadual de sua carreira.

A primeira experiência no exterior, no Deportivo La Coruña, não foi frutífera em termos de conquistas. Mas na volta ao futebol brasileiro Luizão retomou seu caminho. Pelo Vasco da Gama, ganhou o Campeonato Carioca e a Copa Libertadores da América de 1998.

No ano seguinte, iniciou uma passagem magnífica pelo Corinthians: quatro títulos em três temporadas. Dois Campeonatos Paulistas (1999 e 2001), um Brasileiro (1999) e um Mundial de Clubes da Fifa (2000), conquistados com muitos gols e atuações vibrantes, transformaram Luizão em ídolo da torcida.

Faltava fazer história com a camisa da Seleção Brasileira, oportunidade que chegou em 2001. No último jogo das eliminatórias para a Copa do Mundo da Coreia e do Japão, o Brasil precisava vencer a Venezuela em São Luís. Honrando o nome da cidade, Luizão fez 2 gols na vitória por 3 x 0, que garantiu a Seleção no Mundial de 2002.

Não é necessário lembrar o que aconteceu, né? Na campanha do pentacampeonato, Luizão participou de dois jogos. Por coincidência, as duas vitórias contra a Turquia, na estreia e na semifinal. No primeiro jogo, foi ele quem sofreu o pênalti (erro do árbitro, a falta foi fora da área) que originou o gol da vitória do Brasil.

Uma nova passagem sem sucesso pela Europa, dessa vez na Alemanha, durou duas temporadas. O retorno ao Brasil foi marcado por lesões sérias, cirurgias e, para não perder o hábito, títulos.

Em 2005, Campeonato Paulista e Copa Libertadores pelo São Paulo. Em 2006, Copa do Brasil pelo Flamengo, seu clube do coração.

Não há um título importante no futebol brasileiro que Luizão não tenha conquistado.

Não faltam troféus para ilustrar a conversa com os netos.

Nome: Luiz Carlos Bombonato Goulart
Nascimento: 14/11/1975, em Rubineia (SP)
Clubes: Guarani (1992-1993), Paraná Clube (1993), Guarani (1994-1995), Palmeiras (1996-1997), La Coruña-ESP (1997-1998), Vasco (1998), Corinthians (1999-2002), Grêmio (2002), Hertha Berlin-ALE (2002-2004), Botafogo (2004), São Paulo (2005), Nagoya Grampus-JAP (2005), Santos (2005), Flamengo (2006), São Caetano (2007-2008)
Seleção Brasileira: 1996-2002 (12 jogos, 4 gols)

marcelinho carioca

> Com a camisa do Corinthians, Marcelinho marcou 206 gols, 52 deles de falta.

SE VOCÊ É TRICOLOR, PALMEIRENSE ou até rubro-negro, é capaz de estar se perguntando: o que, afinal, Marcelinho Carioca faz neste livro? Se é corintiano, sabe exatamente que, se o talento de um craque não se mede pelo número de títulos, sua importância na história é medida por eles. E ninguém ganhou mais que Marcelinho com a camisa do clube mais popular de São Paulo.

Compare Marcelinho a Sócrates, e o Pé de Anjo levará vantagem. Não no quesito arte, mas o período da Democracia Corintiana esbarrará na ausência dos títulos nacionais. Marcelinho levantou o Mundial de Clubes, a Copa do Brasil e dois Brasileiros.

O mesmo exercício vale para Rivelino, e só nos anos 50 se encontra um time tão vencedor quanto o que Marcelinho ajudou a construir.

Se você é rubro-negro, há de ter água na boca com a lembrança de que Marcelinho estreou como profissional na Gávea aos 16 anos. Era um Fla-Flu, vencido pelo Flamengo por 1 x 0, gol de Bebeto, e a ficha registra a entrada do garoto no lugar de Zico. Até 1993, quando deu seu último chute numa bola vestido de rubro-negro, Marcelinho oscilou entre bons e maus momentos. Mas jogou muito no final de sua trajetória, camisa 11 às costas, período em que ajudou o Flamengo a chegar à final da Supercopa Libertadores, perdida no Morumbi numa decisão por pênaltis contra o São Paulo. A despedida da Gávea deu-se muito em função de a derrota ter sido confirmada com um pênalti chutado na trave do goleiro Zetti por Marcelinho.

Dois meses depois, chegava a São Paulo, para vestir a camisa do Corinthians.

– Virou minha segunda pele – Marcelinho declarou inúmeras vezes.

Se há quem duvide da sinceridade da declaração, é impossível negar que a relação de amor da torcida corintiana com o ídolo foi a mais intensa dos anos 90.

Isso apesar de ter também lances históricos que resultaram em derrotas corintianas. Marcelinho perdeu o pênalti decisivo das semifinais da Libertadores de 2000 contra o Palmeiras. Desperdiçou a cobrança na final do Mundial de Clubes contra o Vasco, no Maracanã, mas foi absolvido pelo pênalti também perdido por Edmundo, que deu a taça ao time do Parque São Jorge. Arrumou encrenca com Ricardinho, o que resultou na sua saída do clube em 2001, logo após a derrota na decisão da Copa do Brasil contra o Grêmio. Tudo perdoado por gols de falta.

Com a camisa do Corinthians, Marcelinho marcou 206 gols, 52 deles de falta. Os dois mais marcantes contra o Palmeiras. No primeiro, no Pacaembu, viu o goleiro palmeirense Velloso pedir que a barreira se abrisse. Marcelinho ajoelhou-se, como se conversasse com a bola, e disparou um canhão, no ângulo. O Corinthians venceu por 2 x 1. Quatro meses depois, em Ribeirão Preto, aproveitou a falta cometida pelo argentino Mancuso, na entrada da área do mesmo Velloso. O tiro saiu certeiro, no ângulo direito, passou por cima da cabeça de Müller. Era a final do Paulistão de 1995, o segundo título da trajetória de Marcelinho no Corinthians. O primeiro, vinte dias antes, foi conquistado em Porto Alegre contra o Grêmio, com vitória por 1 x 0. Gol de Marcelinho.

Entendeu agora por que Marcelinho faz parte deste livro?

Nome: Marcelo Pereira Surcin
Nascimento: 1.º/2/1971, no Rio de Janeiro (RJ)
Clubes: Flamengo (1988-1993), Corinthians (1994-1997), Valencia-ESP (1997), Corinthians (1998-2001), Santos (2001-2002), Vasco (2003-2004), Gamba Osaka-JAP (2004), Al Nassr-SAU (2004-2005), Vasco (2005-2006), Ajaccio-FRA (2006-2007), Brasiliense (2007), Corinthians (2007), Santo André (2008-2009)
Seleção Brasileira: 1991-1998 (4 jogos, 2 gols)

marcos

UM POSTO DE GASOLINA na esquina da avenida Sumaré com a rua Turiassu, na zona oeste de São Paulo. Era lá que parte da torcida do Palmeiras festejava a vitória nos pênaltis sobre o Corinthians, na semifinal da Libertadores de 2000. No meio da madrugada, porque o jogo havia terminado à meia-noite e meia, embriagados pela cerveja comprada na loja de conveniência, alguns não acreditaram nos próprios olhos, quando uma perua Blazer se aproximou do cruzamento, com o corpo santo lançado para fora da janela. Era Marcos.

Mais ou menos duas horas mais cedo, o goleiro havia sido beatificado ao defender o pênalti cobrado por Marcelinho. Justamente pelo maior ídolo do maior rival.

Marcos já era herói havia um ano, por ser o goleiro da conquista da Libertadores de 1999. Começou a campanha histórica no banco de reservas. O titular, Velloso, saiu machucado no final da primeira fase e deu a vaga ao camisa 12. Essa, a camisa 12, virou sua marca registrada em quase toda a carreira.

Com ela, Marcos viu o Corinthians desperdiçar cobranças de pênalti nas quartas de final. O rival estava eliminado. Na decisão, a cobrança de Zapata passou rente à trave. Zinho, craque da conquista do Paulistão de 1993, que tirou o time da fila de dezessete anos sem taças, desperdiçou seu pênalti.

Só Marcos salvava. Marcos salvou.

Para o goleiro, a melhor notícia chegou em 2001, quando o mesmo técnico que o transformou em titular em 1999 chegou à Seleção Brasileira.

> Ninguém compara Marcos no auge a nenhum outro goleiro de sua geração.

– Camisa 1 é cargo de confiança – costumava dizer Felipão.

E Marcos trocou a 12 verde pela 1 cinza, o uniforme com que se consagrou na Copa do Mundo da Ásia.

"Antes o Brasil não tinha bons goleiros. Hoje tem Marcos", definiu a revista italiana *Calcio 2000*, logo depois da conquista do penta.

Nessa época, Marcos também já havia trocado a 12 pela 1 no Palmeiras. Marcos voltou a usar a 12 como um amuleto, uma receita contra as lesões, que diminuíram seu tempo de vida útil em altíssimo nível. Ninguém compara Marcos no auge a nenhum outro goleiro de sua geração. Mesmo Dida, seu reserva na Copa da Ásia, é colocado abaixo do ídolo palmeirense. Marcos começa a perder quando se contam os anos, os jogos disputados em seu mais alto nível. O número 12 voltou às suas costas na temporada 2008. Com ele, diminuíram as lesões.

Comparações fazem mesmo parte da vida do goleiro. No Palmeiras, há quem defenda a construção de uma estátua em sua homenagem, a ser colocada no mesmo jardim onde estão os bustos de Junqueira, Waldemar Fiúme e Ademir da Guia. Lá não está o retrato de Oberdan Cattani, eterno ídolo já preterido em recentes eleições do melhor Palmeiras da história. Marcos já vence o arqueiro dos anos 40 nesse tipo de enquete. Por quê? Na maior conquista dos velhos tempos, a Copa Rio, Oberdan estava na reserva de Fábio Crippa. E qual a maior conquista do Palmeiras em sua história? A Libertadores. E a quem mesmo o Palmeiras deve seu maior troféu?

Nome: Marcos Roberto Silveira dos Reis
Nascimento: 4/8/1973, em Oriente (SP)
Clube: Palmeiras (desde 1992)
Seleção Brasileira: desde 1999

marinho chagas

A cabeleira loira que, mais tarde, inspiraria o apelido "Bruxa".

AS COISAS ACONTECERAM RÁPIDO DEMAIS na carreira de Marinho Chagas. Do princípio, em Natal, ao estrelato, na Alemanha, passaram-se apenas cinco anos.

É uma dessas histórias que a gente ouve e acha que tudo é muito fácil.

Marinho começou no futebol no Riachuelo Atlético Clube, em 1969. Aproveitou-se de um amistoso em que o lateral-esquerdo titular do time não quis jogar e mostrou do que era capaz. A lateral da defesa não era exatamente a parte do campo que ele sonhava ocupar, mas era preciso mostrar a cara de algum jeito.

Logo ele mostrou bem mais. A cabeleira loira que, mais tarde, inspiraria o apelido "Bruxa". E o gosto pelo futebol ofensivo, que faria dele mais um exemplo de lateral brasileiro que jogava um jogo que ainda não existia.

No início dos anos 70, lateral que avançava muito recebia o rótulo de indisciplinado, mas Marinho não ligava, até gostava. Frequentava a ponta com desenvoltura, muitas vezes mudando de número e fazendo a meia-esquerda, beneficiado por ser destro. Marinho era positivamente diferente.

O ABC, muito maior que o Riachuelo, interessou-se por ele e o contratou pela fortuna equivalente a dez pares de chuteiras. O primeiro título de sua carreira foi o Campeonato Potiguar de 1970.

Natal ficou pequena para o lateral atacante, que não se envergonhava das roupas coloridas nem era carente de confiança na própria bola. No Náutico, em 1971, o nome de Marinho Chagas ganhou dimensões nacionais.

Tanto que ele durou pouco no Recife. Sua escalada no mercado futebolístico brasileiro ganhou outro nível em 1972, quando chegou ao Botafogo, com 20 anos. O jogo de estreia foi contra o Santos de Pelé, que terminou empatado em 1 x 1. Marinho fez o gol botafoguense em uma cobrança de falta.

Do sucesso no Rio de Janeiro à categoria de jogador da Seleção Brasileira não se passou muito tempo. Cerca de seis meses. E, cinco anos depois daquele amistoso pelo Riachuelo, Marinho chegou à Copa do Mundo da Alemanha como titular.

Aquela Seleção teve a ingrata missão de suceder o fenomenal time do tri. Tal missão foi agravada pelo fato de a Seleção de 1974 ser contemporânea da Holanda apelidada de "Laranja Mecânica". No jogo que valeu o terceiro lugar, a Copa acabou com tristeza para o Brasil e com um episódio desagradável para Marinho.

No segundo tempo contra a Polônia, uma de suas investidas tradicionais ao ataque criou a jogada do sétimo gol de Grzegorz Lato no Mundial. Marinho errou um passe para o meio, Lato recebeu a bola, ignorou Alfredo Mostarda e tocou na saída de Leão. A irritação gerada pela falha de Marinho levou Leão a agredi-lo depois do jogo. Mas não impediu sua eleição como o melhor lateral-esquerdo da Copa.

Depois de passagens discretas pelo Fluminense e pelo futebol dos Estados Unidos, Marinho fez sua última temporada em alto nível pelo São Paulo, campeão paulista em 1981.

Nome: Francisco das Chagas Marinho
Nascimento: 8/2/1952, em Natal (RN)
Clubes: Riachuelo (1969), ABC (1970), Náutico (1971), Botafogo (1972-1976), Fluminense (1977-1978), Cosmos-EUA (1979), Fort Lauderdale Stickers-EUA (1980), São Paulo (1981-1983), Fortaleza (1984), Bangu (1984-1985), América-RN (1986-1987), Harlekin Augsburg-ALE (1988)
Seleção Brasileira: 1973-1977 (27 jogos, 4 gols)

mário sérgio

O SUGESTIVO APELIDO DE MÁRIO SÉRGIO, o vesgo, produz uma distorção aos distraídos. O estrábico, no caso, não era ele, o craque. Mas os zagueiros. O apelido teve origem no hábito de Mário Sérgio olhar para um lado enquanto fazia o toque na bola para o outro. Não toques quaisquer. Mário Sérgio fazia lançamentos precisos, longos, deixava companheiros na cara do gol adversário enquanto olhava para o lado oposto.

Os zagueiros é que ficavam vesgos.

No início da carreira, de briga com o técnico Iustrich no Flamengo, de passagem marcante pelo Vitória, na campanha do título baiano de 1972, Mário Sérgio era um ponta-esquerda dos bons. Daqueles que dominavam a bola, driblavam laterais, chegavam à linha de fundo e efetuavam cruzamentos milimétricos.

No final, muito mais brilhante, seguia vestindo a camisa 11, mas jogava como meia. Ou, numa expressão do início dos anos 80, era "falso ponta-esquerda". Falso porque vestia a camisa 11, tão mentirosa quanto seu olhar, enquanto deixava os colegas em condição de marcar.

Mário Sérgio fazia lançamentos precisos, longos, deixava companheiros na cara do gol adversário enquanto olhava para o lado oposto.

Só nessa segunda fase da carreira, a de armador, iniciada no futebol argentino - jogou pelo Rosário Central, em 1979 -, é que alcançou o reconhecimento e as convocações para a Seleção Brasileira. Antes, era apontado como um "craque bandido". Tão brilhante quanto temperamental. Na Argentina, passou a armar e teve a sorte de retornar ao Brasil para formar um dos maiores times da década de 70: o Internacional.

Era a fase de Ênio Andrade, que escalava Batista, Falcão e Jair no meio de campo, mas entregava a Mário Sérgio a função de armador com a camisa 11. No Inter, disputou 23 partidas em 1979. As 23 que representaram o único título invicto da história do Campeonato Brasileiro.

Dois anos mais tarde, despertou o interesse do São Paulo. Transferiu-se para o Tricolor e consolidou a fama de nômade da bola. No Morumbi, fez parte da equipe apelidada de "Máquina", campeã paulista de 1981. Após a derrota para o São José por 1 x 0, na final do segundo turno, envolveu-se em uma briga na saída do estádio, em São José dos Campos. Tirou o revólver da bolsa e atirou para o alto. Ao apelido de vesgo uniu a alcunha de "rei do gatilho", dada pelo narrador Sílvio Luiz.

Nessa passagem, também, reforçou o estrabismo com um gol de calcanhar na maior goleada imposta pelo São Paulo ao Palmeiras: 6 x 2, em 1981. Na sequência do gol histórico, recebeu sua primeira convocação para a Seleção Brasileira. Já aos 31 anos, estreou numa vitória sobre a Bulgária por 3 x 0, em Porto Alegre, a mesma partida que inaugurou a passagem do lateral Leandro pela Seleção. A idade e a concorrência - Telê preferiu Dirceu, do Atlético de Madrid - impediram que disputasse sua primeira Copa do Mundo, mas não evitaram que seguisse fazendo história pela Ponte Preta e pelo Grêmio, onde foi campeão mundial em 1983, Palmeiras, de passagem brilhante em 1984. Nessa época, viveu o pior período da carreira, com uma acusação de *doping* que lhe causou uma suspensão de três meses. No retorno, ainda teve convocações para a Seleção, em 1985. Mais dois anos e o fim de carreira veio no melhor estilo "craque polêmico". No intervalo de um jogo contra o São Paulo, pela Copa União, desentendeu-se com o técnico Orlando Fantoni e abandonou o vestiário para não voltar a jogar. Acabou voltando, mas o episódio ficou na história.

Você pode guardar essa e outras histórias de Mário Sérgio para decidir que o principal aspecto de sua carreira foi a polêmica. Mas só se você for estrábico. No fundo, no fundo, vale a lembrança de que era um gênio.

Nome: Mário Sérgio Pontes de Paiva
Nascimento: 7/9/1950, no Rio de Janeiro (RJ)
Clubes: Flamengo (1969-1971), Vitória (1971-1975), Fluminense (1975-1976), Botafogo (1976-1979), Rosário Central-ARG (1979), Internacional (1979-1981), São Paulo (1981-1982), Ponte Preta (1982-1983), Grêmio (1983), Internacional (1984), Palmeiras (1984-1985), Botafogo-SP (1986), Bellinzona-SUI (1986), Bahia (1987)
Seleção Brasileira: 1981-1985 (7 jogos, 0 gol)

mauro galvão

FALCÃO, O IMORTAL, o volante que todos os volantes queriam ser, estava preocupado com a defesa do Internacional.

Começava o ano de 1979, histórico para o clube por causa da conquista do Campeonato Brasileiro invicto. Mas, àquela altura, início da temporada, o futuro não parecia tão promissor.

O time precisava de um zagueiro, e Falcão tinha certeza de que o jogador certo estava por perto. Disse ao técnico Zé Duarte que um garoto de 17 anos estava jogando muita bola no juvenil.

O treinador foi se informar. Mais tarde, procurou Falcão com uma notícia desanimadora: pelo que ouvira, o rapaz era muito mascarado. O futuro Rei de Roma ponderou que era óbvio. Embaixo, o jovem zagueiro sobrava. Seu lugar era no time de cima, onde alguém como ele faltava.

E assim começou a carreira profissional de Mauro Galvão.

Falcão tinha 26 anos e impressionou-se com duas características do garoto quase dez anos mais novo: a calma e o "tempo" de bola. Os dois eram fisicamente parecidos. Magros, leves, biótipos pouco indicados para o corpo a corpo com os adversários. Como o desarme era parte fundamental do trabalho deles, resolviam o problema com ataques certeiros à bola.

Mauro Galvão também era ótimo observador. Em pouco tempo treinando com o time principal, ele já executava uma das marcas registradas de Falcão: o carrinho na lateral do campo, em que a perna funcionava como um gancho que roubava a bola e já a preparava para a jogada seguinte.

Galvão lia o jogo tão bem que estava sempre no lugar certo.

Diz a lenda colorada que, num treino, Mauro Galvão saiu da defesa com a bola dominada, tabelou pelo meio, recebeu na frente e apareceu na cara do goleiro. Tentou enfeitar, fazer um golaço, e perdeu. Lá de trás, Falcão reclamou: "Pô, guri, dá de bico e faz esse gol!"

Até a bronca do craque, todas as testemunhas da cena concordam com o relato. As dúvidas surgem, dependendo de quem estava perto de quem, em relação à resposta de Galvão.

Falcão se lembra de ter ouvido algo assim: "Mas tem bicho?", como se o garoto, de forte personalidade, não entendesse a cobrança num simples ensaio.

Só que teve gente que ouviu outra coisa, e Mauro Galvão confirma o que saiu de sua boca: "Mas onde é o bico?", o que, mesmo que tenha sido uma brincadeira, revela a recusa de um jogador técnico a se transformar num peladeiro.

Tal mutação seria impossível. Mauro Galvão nasceu com o refinamento e a compostura que o levaram a ser titular do Internacional em todos os jogos do Brasileiro de 1979, aos 17 anos.

No primeiro jogo das semifinais contra o Palmeiras, no Morumbi, ele levou um drible de Jorge Mendonça, daqueles que desestabilizam até os mais experientes. Pouco depois, bola alta na área do Inter, mais para Galvão que para o meia do Palmeiras. Jorge Mendonça recuou, apostando que o jovem zagueiro tentaria o cabeceio e a bola sobraria para ele. No ar – e quem descreve a cena é Falcão –, Mauro Galvão mudou de ideia e matou, no peito, a bola para o goleiro Benitez. Pura classe.

Galvão lia o jogo tão bem que estava sempre no lugar certo. As pessoas diziam que "a bola caía onde ele estava", mas era o contrário.

Mauro Galvão ganhou títulos pelo Inter, Botafogo, Grêmio e Vasco. Pela Seleção Brasileira, disputou a Copa de 1990.

Jogou, muito, dos 17 aos 40 anos.

Nome: Mauro Geraldo Galvão
Nascimento: 19/12/1961, em Porto Alegre (RS)
Clubes: Internacional (1979-1986), Bangu (1986-1987), Botafogo (1987-1990), Lugano-SUI (1990-1996), Grêmio (1996-1997, 2000-2001), Vasco (1997-2000)
Seleção Brasileira: 1986-1990 (24 jogos, 0 gol)

mengálvio

A MAIOR PARTIDA DO SANTOS de Pelé foi também a melhor de Mengálvio em toda a carreira.

– Foi contra o Milan. Naquele dia, eu fiz até gol – diz o camisa 8 do histórico time santista, bicampeão mundial.

Craque calado, coadjuvante eterno da equipe de Pelé e Coutinho, e mesmo assim Mengálvio quase passou despercebido. A bola cruzada para a grande área foi disputada pelo alto por Mengálvio, Almir e Maldini. Desviou em alguém, e os narradores de rádio se dividiram. Alguns cantaram gol de Almir, outros de Maldini, contra.

– Quase ninguém percebeu que o gol foi meu – jura Mengálvio.

Foi mesmo. E as fichas publicadas pelos jornais avalizam, embora até hoje algumas alimentem a dúvida sobre se o gol foi de Mengálvio ou de Almir. Mengálvio chegou à Vila Belmiro em 1960, também em silêncio. Era jogador do Aymoré, de São Leopoldo. Vinha de uma experiência vitoriosa com a seleção gaúcha, campeã pan-americana na Costa Rica, representando o Brasil. Começou a competição como reserva. numa seleção composta por jogadores, na maioria, provenientes do Inter e do Grêmio. E então foi escalado pelo histórico técnico Foguinho no segundo tempo da estreia contra a Costa Rica, no lugar do gremista Milton. Arrebentou.

Na partida seguinte, contra a Argentina, Mengálvio era titular. O meia do Grêmio estava no banco de reservas. Milton ainda voltaria ao time principal e faria o gol do título, também contra a Argentina. Mas Mengálvio seguiu como titular, com 5 jogos e 1 gol.

Jogador de equipe que trabalhava para os talentos brilharem.

– Os radialistas de São Paulo voltaram fazendo muita propaganda sobre o meu futebol. E foi por isso que o Modesto Roma decidiu me levar para o Santos – lembra o 8 eterno. – Só que houve muitos problemas, porque os dirigentes não se entendiam. Foi preciso que meu empresário, Arnaldo Figueiredo, interferisse.

Empresário?

Bem, Mengálvio foi desses primeiros jogadores da história negociados com a ação de um intermediário. Virou ele próprio o meio do caminho entre a defesa e o ataque. Assumia o lugar de Jair Rosa Pinto, mais perto do encerramento de sua carreira. Seu estilo era diferente. Saía o homem dos lançamentos precisos, entrava o jogador de equipe que trabalhava para os talentos brilharem.

– Eu era quase um segundo volante. O Mauro pedia para eu atacar pouco; o Zito gostava da minha postura porque ele corria demais. E eu os ajudava a jogar o que sabiam.

Apesar disso, Mengálvio lembra-se de duas partidas memoráveis, em que atacou mais que defendeu. As duas maiores partidas de sua vida.

Uma delas, a final da Taça Brasil de 1962, disputada já em 1963. Vitória santista por 5 x 0.

– Só não fiz gol. Mas, também... com Dorval, Pelé e Coutinho marcando... pra quê?

A essa altura, Mengálvio já havia participado, como reserva, da campanha do bicampeonato mundial pela Seleção no Chile.

A outra, o 4 x 2 sobre o Milan, de virada, no Maracanã. Jogo em que Pelé não atuou – Almir foi seu substituto – e o Milan saiu na frente com 2 x 0 no primeiro tempo, e o Santos virou com show de Pepe. Mas, não... Dessa vez não se esqueça de Mengálvio. Fez de tudo. Fez até gol.

Uma atuação em que brilhou no ataque, jogou para o gol mais que para o time.

– É claro! A gente perdia por 2 x 0 e tinha de atacar.

Maldini era o líbero, jogava na sobra, e Mengálvio percebeu que precisava encostar nele. Encostou.

– Foi numa dessas que fiz o gol, jogando em cima do Maldini. Não pense que o Lula dava instruções. Não! Naquele tempo, a gente resolvia em campo mesmo.

Nome: Mengálvio Pedro Figueiró
Nascimento: 17/12/1939, em Laguna (SC)
Clubes: Aymoré (1958-1960), Santos (1960-1967), Grêmio (1968), Santos (1969), Los Millonarios-COL (1970)
Seleção Brasileira: 1960-1963 (14 jogos, 1 gol)

■ mozer

UMA VISITA AO OESTE DA ÁFRICA em 1993, mais precisamente à cidade de Iaundé, capital de Camarões, e você teria a exata noção do que representava o nome de Mozer. Campeão mundial pelo Flamengo, reserva da Seleção na Copa do Mundo de 1990. No Brasil, no início dos anos 90, seu nome tinha a sonoridade que representava apenas "um zagueiro". Em contrapartida, na África, na França, em Portugal, não. Mozer era "o" zagueiro.

Mozér, assim com a pronúncia oxítona dos franceses e o "e" levemente aberto, era o nome aclamado pelos jovens africanos nas peladas nas ruas e nos campos de terra batida em Iaundé. *Mozér* era ídolo especialmente por sua passagem pelo Olympique de Marselha.

Mas Mozer era Deus também em Portugal, graças aos bons períodos vividos no Benfica.

Antes, muito antes, Mozer foi rei na Gávea. Assumiu seu posto no time titular ainda jovem, formando dupla inesquecível com Marinho, no Flamengo campeão mundial de 1981. Tinha 21 anos, idade em que, em geral, os zagueiros não chegavam com facilidade à Seleção Brasileira. Por isso, apesar do título mundial conquistado como titular absoluto do Flamengo, só chegaria à Seleção com Carlos Alberto Parreira, em 1983.

No Flamengo, era a força, mas também a técnica. Capaz de jogadas ríspidas e, no mesmo lance, de sair de cabeça erguida, com a bola grudada no pé direito. Jogava igualmente do lado direito ou esquerdo da defesa, o que despertou o

Capaz de jogadas ríspidas e, no mesmo lance, de sair de cabeça erguida, com a bola grudada no pé direito.

interesse dos clubes estrangeiros, a partir do momento em que o mercado internacional ficou escancarado, na primeira metade dos anos 80. Mas deixou a Gávea, de fato, em 1987, com destino ao Benfica, onde foi dirigido pelo técnico sueco Sven Goran Eriksson. Nessa época, sua galeria pessoal de troféus na Gávea incluía dois estaduais, em 1981 e 1986, dois brasileiros, em 1982 e 1983, a Libertadores e a Copa Intercontinental de 1981. Já havia disputado 224 partidas pelo Flamengo e marcado 14 gols.

Esteve perto de jogar a Copa do Mundo de 1986 e só um corte, já depois da convocação final, tirou-lhe a chance da consagração. Copa só disputaria em 1990, na campanha desastrosa da Itália.

No Olympique de Marselha, sua trajetória mais marcante no exterior, teve a frustração de perder a Liga dos Campeões de 1990-1991, nos pênaltis, contra o Estrela Vermelha de Belgrado. No ano seguinte, retornou ao Benfica para viver em Lisboa, cidade que o seduziu. Construiu uma casa, fixou residência, mas transferiu-se para o Japão para uma experiência no Kashima Antlers por dois anos.

No início do século XXI, decidiu seguir timidamente a carreira de técnico e conseguiu empregos em lugares longínquos. Dirigiu o Interclube de Angola e o Raja Casablanca do Marrocos. Não pisou na África francesa, lá onde os meninos descalços cantavam seu nome e queriam ser Mozer para ter o fino trato com a bola. Mas Mozer tratou de ensinar outros meninos africanos. Se não a ter a mesma classe, pelo menos a mostrar a mesma raça, outra de suas grandes características.

Nome: José Carlos Nepomuceno Mozer
Nascimento: 19/9/1960, no Rio de Janeiro (RJ)
Clubes: Flamengo (1980-1987), Benfica-POR (1987-1989 e 1992-1995), Olympique de Marselha-FRA (1989-1992), Kashima Antlers-JAP (1995-1996)
Seleção Brasileira: 1983-1994 (32 jogos, 0 gol)

müller

Velocidade e habilidade com a bola eram suas parceiras, não oponentes.

EM 1985 SURGIU EM SÃO PAULO um time que era um perfeito exemplo do equilíbrio que tanto se busca no futebol: experiência e juventude em doses que se completam.

Esse time vestia a camisa do São Paulo e tinha um apelido musical: Os Menudos do Morumbi.

O quinteto porto-riquenho fazia um sucesso incrível (em todos os sentidos da palavra) na América Latina, especialmente entre as adolescentes. A conexão com três jovens jogadores que despontaram no São Paulo foi automática. Silas, Sidney e Müller eram a energia de um time que tinha Oscar e Dario Pereyra na zaga, Pita e Falcão no meio de campo e Careca no ataque.

Luís Antônio Corrêa da Costa, o Müller, nasceu com os opcionais de luxo mais desejados pelos atacantes: velocidade e habilidade com a bola eram suas parceiras, não oponentes. O pacote o tornou um jogador especial.

Os zagueiros suficientemente móveis para acompanhá-lo lidavam apenas com metade da equação. E a metade menos dramática. O verdadeiro problema começava quando precisavam lhe tomar a bola. Müller era um celular com "discagem turbo" num mundo de telefones com disco. Caía pelos dois lados do ataque, causando preocupação permanente.

O time dos "Menudos" ganhou um Campeonato Paulista (1985) e um Brasileiro (1986), carimbos de autenticidade para os jovens.

Em três passagens pelo São Paulo (a mais frutífera entre 1991 e 1994), Müller ganhou uma quantidade de títulos que mascara a dificuldade de se levantar troféus no futebol: 4 Campeonatos Paulistas, 2 Brasileiros, 2 Copas Libertadores, 2 Copas Intercontinentais e 1 Supercopa da Libertadores.

Se sua história como são-paulino pudesse ser resumida em um só momento, este seria o terceiro gol da vitória sobre o Milan, em 1993, em Tóquio.

Mas Müller também fez história e ganhou títulos em outros clubes, pois foi capaz de assimilar a perda de velocidade que vem com o tempo, transformando-se em um distribuidor de jogadas que desequilibrava o jogo de outra forma. Não deixou, no entanto, de ser um atacante perigoso.

No Palmeiras de 1996, marcou gols e criou jogadas para o total de 102 gols do time campeão paulista.

No Cruzeiro, levantou 1 Campeonato Mineiro, 1 Recopa Sul-Americana, 1 Copa do Brasil e 1 Copa Sul-Minas.

Tanto sucesso nos gramados brasileiros não se repetiu em experiências na Itália e no Japão. Mas Müller disputou três Copas do Mundo (1986, 1990 e 1994) pela Seleção Brasileira. Foi titular a partir do terceiro jogo no México, titular na Itália e reserva no grupo que conquistou o Mundial dos Estados Unidos.

As passagens pelo Santos e pelo Corinthians fizeram dele um dos seis únicos jogadores que atuaram pelos quatro grandes clubes paulistas.

Contudo, se houvesse um "Hall da Fama" do futebol brasileiro, em que cada jogador seria eternizado vestindo uma camisa, a de Müller seria a do São Paulo.

Foi no Morumbi que ele apareceu e conquistou os títulos mais importantes da sua impressionante coleção.

Nome: Luis Antônio Corrêa da Costa
Nascimento: 31/1/1966, em Campo Grande (MS)
Clubes: São Paulo (1984-1987, 1991-1994 e 1996), Torino-ITA (1988-1991), Kashiwa Reysol-JAP (1995), Palmeiras (1995-1996), Perugia-ITA (1996), Santos (1997-1998), Cruzeiro (1998-2000), Corinthians (2001), São Caetano (2001-2002), Portuguesa (2003-2004).
Seleção Brasileira: 1986-1997 (56 jogos, 12 gols)

nelinho

Exímio cobrador de faltas, batia na bola com a violência e a precisão de um franco-atirador.

RESPONDA RÁPIDO: AO OUVIR O NOME DE NELINHO, qual é o seu primeiro pensamento?

Grande chance de a resposta ter sido o gol que ele marcou contra a Itália na Copa de 1978. Um chutaço de fora da área, de "três dedos", que fez uma curva inacreditável na frente do goleiro Dino Zoff e entrou no cantinho.

Esse talvez seja o gol que define a carreira de um dos melhores laterais-direitos que o Brasil já teve, entre tantos chutes de longa distância e cobranças de faltas que hipnotizaram goleiros com movimentos que sugeriam que a bola tinha vontade própria.

É também o chute com o qual todos os outros são comparados, cada vez que um jogador consegue fazer a bola se transformar num míssil teleguiado. Gol de longe, em que a bola desafiou a física? Chama-se "gol de Nelinho".

E é, *também*, um dos gols mais bonitos da história das copas, famoso no mundo inteiro. É só fazer uma pesquisa na internet e descobrir dezenas de resultados em inglês chamando o primeiro gol da Seleção Brasileira naquele jogo (que valia o terceiro lugar do Mundial da Argentina, o Brasil venceu por 2 x 1) de "a melhor curva de todos os tempos".

Por isso, é um absurdo que alguém pense que Nelinho não quis fazer exatamente o que fez ao bater na bola, na lateral da área, aos dezenove minutos do primeiro tempo.

É um absurdo que alguém diga que aquela pintura de gol foi, na verdade, uma tentativa de cruzamento que acabou dentro da rede, um golpe de sorte pelo qual Nelinho agradece até hoje.

E é um absurdo que alguém escreva que o gol foi sem querer, de modo que influencie a opinião de quem não viu Nelinho jogar. Pois quem viu jamais levará tal afirmação a sério.

Mas esse absurdo aconteceu, infelizmente.

Se você acessar a versão em inglês da *Wikipédia* e escrever "Nelinho" no campo de pesquisa, encontrará o seguinte:

"... and scored one of the most stunning goals in World Cup history, in the third place match against Italy in 1978: he attempted a cross from the right side of the box but, instead of getting to the targeted player, the ball took a nearly impossibly sharp curl and went straight into Dino Zoff's goal."

Traduzindo: "... e marcou um dos gols mais impressionantes da história da Copa do Mundo, na disputa pelo terceiro lugar contra a Itália, em 1978: ele tentou cruzar da direita da área, mas em vez de chegar ao jogador-alvo a bola fez uma curva fechada quase impossível e entrou direto no gol de Dino Zoff."

Sim, a *Wikipédia* é uma enciclopédia on-line livre – seu conteúdo pode ser alterado por pessoas que não necessariamente sabem do que estão falando, e isso deve ser visto com cuidado.

Nesse caso específico, o conteúdo deve ser ignorado.

Nelinho foi um belíssimo lateral-direito. Exímio cobrador de faltas, batia na bola com a violência e a precisão de um franco-atirador.

Marcou época no Cruzeiro e no Atlético Mineiro, ganhando títulos estaduais nos dois clubes. Pelo Cruzeiro, foi campeão da Copa Libertadores da América em 1976.

Pela Seleção Brasileira, Nelinho disputou as copas de 1974, na Alemanha, e 1978, na Argentina, quando marcou um gol antológico.

E absolutamente, indubitavelmente, proposital.

Nome: Manoel Rezende de Matos Cabral
Nascimento: 26/7/1950, no Rio de Janeiro (RJ)
Clubes: América (1970), Barreirense (1970-1971), Anzoateguí (1971), Bonsucesso (1972), Remo (1972), Cruzeiro (1973-1980), Grêmio (1980-1982), Atlético Mineiro (1982-1987)
Seleção Brasileira: 1974-1980 (21 jogos, 6 gols)

neto

DO GRAMADO DO ESTÁDIO DO MORUMBI, Neto observava a torcida do Corinthians pulsar nas arquibancadas, como se fosse um ser gigantesco.

O troféu do Campeonato Brasileiro estava em seus braços, o coração batia tão forte que podia ser ouvido, o cérebro não conseguia registrar uma sensação comparável.

– É o dia mais feliz do ano mais feliz da minha vida! – ele disse.

Dezesseis de dezembro de 1990. Diante de mais de cem mil pessoas, o Corinthians venceu o São Paulo por 1 x 0 e conquistou seu primeiro título brasileiro.

Neto não fez o gol da vitória, assim como não o tinha feito na quarta-feira anterior, quando o Corinthians também venceu. Porém, se fosse possível dizer que aquele título era de uma pessoa só, era dele. Neto era o principal jogador, o capitão, a maior referência do time. E tinha sido fundamental, decisivo, nos jogos que levaram o Corinthians à decisão.

Foram dele os 2 gols da virada sobre o Atlético Mineiro pelas quartas de final. Os mineiros assustaram o Pacaembu com um gol no primeiro tempo, mas Neto resolveu o problema no segundo. De cabeça, empatou aos trinta minutos. Aproveitando uma bola que sobrou na área, bateu de pé esquerdo para fazer o segundo, nove minutos depois.

Na semifinal contra o Bahia, no mesmo Pacaembu, novo susto com um gol sofrido logo no começo do jogo. Mas, após um escanteio cobrado por Neto, gol contra dos baianos. No segundo tempo, de falta, Neto virou e o Corinthians ganhou.

Enquanto jogou no Parque São Jorge, Neto foi craque, líder e ídolo.

Por isso, o final de tarde no Morumbi, com a Fiel comemorando um título inédito, foi tão emocionante para ele, que nasceu corintiano.

Provavelmente, não é mera coincidência que outro momento inesquecível seu, naquele estádio, envolva o Corinthians. Aconteceu na final do Campeonato Paulista de 1988, quando Neto jogava no Guarani. Ele simplesmente marcou um gol de bicicleta, com o pé "ruim", completando um cruzamento que veio da direita.

Neto começou no Guarani e também jogou no Palmeiras, no São Paulo e no Santos. Mas nenhuma camisa lhe caiu tão bem quanto a do seu time do coração. O ano de 1990 o coroou como um dos melhores jogadores em atividade no Brasil e o impulsionou para a Seleção Brasileira, sob o comando de Paulo Roberto Falcão. A experiência (de ambos) não sobreviveu à campanha ruim na Copa América de 1991.

Explosivo, rebelde, genioso, genial, extraordinário cobrador de faltas, Neto poderia ter voado ainda mais alto se tivesse se preocupado em ser, além de um grande jogador de futebol, um atleta. A enorme quantidade de talento presente em sua perna esquerda compensou anos e anos de desinteresse pelo preparo físico.

Muita gente, inclusive o próprio Neto, sempre dirá: imagine que jogador Neto seria se...

Mas a torcida do Corinthians jamais precisará imaginar. Enquanto jogou no Parque São Jorge, Neto foi craque, líder e ídolo.

E, ídolo, Neto sempre será.

O dia 16 de dezembro não foi o mais feliz do ano de 1990 só para ele.

Nome: José Ferreira Neto
Nascimento: 9/9/1966, em Santo Antonio de Posse (SP)
Clubes: Guarani (1984-1986, 1988 e 1995), Bangu (1986), São Paulo (1987), Corinthians (1988-1993 e 1996-1997), Milionários-COL (1993), Santos (1994), Atlético Mineiro (1995), Indaiatuba (1996)
Seleção Brasileira: 1988-1993 (14 jogos, 5 gols)

nilton santos

Nilton Santos foi um craque transcendente, um enviado do futuro, um visionário dos gramados.

BASTARIA DIZER que ele foi o maior lateral-esquerdo que o futebol já viu.

Mas aí Nilton Santos seria o único jogador presente neste livro contemplado com apenas uma frase em seu perfil.

Logo ele, atacante de nascença, transformado em defensor porque também sabia marcar. A bem da verdade, não havia nada que Nilton Santos não soubesse fazer num campo de futebol.

Só que no final dos anos 40 lateral só servia para uma coisa: vigiar o ponta. O sujeito que gostava de jogar – da metade do campo para a frente – era declarado inapto para a posição.

Até Nilton Santos surgir, com 23 anos, no Botafogo.

Nilton entrou em General Severiano em 1948 e só saiu dezessete anos depois, aposentado. Os 718 jogos pelo clube são um recorde.

O encontro de seu prazer em avançar com a técnica necessária para arrancar com a bola dominada resultou num jogador revolucionário, muito à frente do seu tempo. Não houve esquema tático, ou treinador conservador, que pudesse conter o jogador que moldou os laterais do futuro.

Ele também jogou – o que é muito diferente de apenas improvisar e "quebrar um galho" – nas outras posições da defesa. Parecia um especialista em todas, o que justificou seu apelido de "Enciclopédia do Futebol".

Ganhou dois torneios Rio-São Paulo e quatro títulos cariocas com o Botafogo, dois deles, o bi, em 1961 e 1962, como astro de um dos maiores times da história do futebol brasileiro.

E teve sucesso ainda maior com a única camisa que vestiu, além daquela do seu clube: a da Seleção Brasileira.

Nilton Santos participou de quatro Copas do Mundo. A de 1950, trágica, na reserva. Talvez porque o técnico Flávio Costa não estivesse convencido de escalar um lateral "ofensivo". As barreiras começaram a cair em 1954, na Suíça, e Nilton Santos nunca mais deixou de ser titular num jogo de Copa. No bicampeonato mundial de 1958 e 1962, jogou todas as partidas.

Em sua homenagem, o estádio de General Severiano foi batizado com o nome de Estádio Nilton Santos. Na sede do Botafogo, há também um busto de bronze a eternizá-lo.

Laterais do mundo inteiro, que ganham a vida no apoio ao ataque, devem agradecer a Nilton Santos pela coragem e pelo caminho aberto. Foi ele quem desbravou a parte do gramado que era proibida. Com classe, elegância e vitalidade.

E, se no futebol de hoje os laterais são armas ofensivas imprescindíveis para qualquer time que se preze, imagine o que a "Enciclopédia" representou nos tempos em que ninguém esperava ver um defensor evoluir pelos lados do campo.

Nilton Santos foi um craque transcendente, um enviado do futuro, um visionário dos gramados. Muita coisa, sempre boa, já foi escrita, dita e pensada sobre ele. Muita coisa ainda será.

Mas, como está escrito no início desse texto, bastaria dizer que ele foi o melhor lateral-esquerdo que o futebol já viu.

Nome: Nilton dos Santos
Nascimento: 16/5/1925, no Rio de Janeiro (RJ)
Clube: Botafogo (1948-1964)
Seleção Brasileira: 1949-1962 (75 jogos, 3 gols)

oscar

> É quase impossível lembrar de uma partida em que tenha falhado de modo grosseiro, em que seu time tenha perdido por culpa sua.

A LISTA DE APELIDOS DOS JOGADORES da Seleção Brasileira que disputaram a Copa da Espanha, em 1982, era extensa. Se Sócrates era o Magrão, ou o Doutor, Oscar era o Belo. O apelido tinha a ver com os cabelos castanhos, cuidadosamente despenteados, que pareciam uma extensão do seu futebol. O apelido mais apropriado a seu estilo em campo seria outro: o Sério.

Oscar é daqueles beques que parecem ter passado a carreira sem colecionar uma mísera crítica. É quase impossível lembrar de uma partida em que tenha falhado de modo grosseiro, em que seu time tenha perdido por culpa sua.

Mais ou menos como Belini, na Copa de 1958. Seu nome está associado à ideia de futebol clássico. Na prática, era um zagueiro que fazia tudo para não errar, até dar de bico para o mato.

Oscar surgiu na Ponte Preta e aos 20 anos apareceu na primeira imagem histórica de sua carreira. Era ele ao lado de Pelé, no momento exato em que o Rei se ajoelhou no gramado da Vila Belmiro, na partida que marcou sua despedida do Santos, durante o Paulistão de 1974.

Timidamente, Oscar ameaça passar a mão pela cabeça do Rei.

Três anos depois, aos 23 anos, era o líder da segura defesa da Ponte Preta, que dominou todo o Campeonato Paulista, mas perdeu a decisão para o Corinthians no jogo que marcou o fim da fila alvinegra de 23 anos.

Oscar fez o que pôde para evitar o título do Corinthians. É sua a cabeça que salva, sobre a linha fatal, a cabeçada de Wladimir, um segundo antes de Basílio dar o chute que aniquilou a esperança ponte-pretana e encerrou a agonia corintiana.

Meses depois, era o titular da zaga brasileira na Copa do Mundo da Argentina. De lá, seguiu para o norte-americano Cosmos, para uma experiência de dois anos no clube mais famoso do planeta naquele final dos anos 70. O Cosmos era o time criado para abrigar estrelas do futebol mundial e por lá passaram Carlos Alberto Torres, Marinho Chagas, Franz Beckenbauer, Giorgio Chinaglia... Oscar.

A experiência esbarrou nos anos finais de investimento pesado realizado na equipe de Nova York e no início da tentativa do São Paulo de montar uma equipe apelidada de

"Máquina", a partir de 1980. Oscar juntou-se no Morumbi a Renato, ex-Guarani, Darío Pereyra, Serginho, Zé Sérgio, Marinho Chagas. A chegada ao São Paulo não poderia ser melhor: numa quinta-feira, amistoso contra o Palmeiras, vencido pelo Tricolor por 4 x 0. No domingo seguinte, jogo contra o Corinthians válido pelo segundo turno do Campeonato Paulista de 1980 e nova vitória por 4 x 0.

Nome: José Oscar Bernardi
Nascimento: 20/6/1954, em Monte Sião (MG)
Clubes: Ponte Preta (1973-1979), Cosmos-EUA (1979-1980), São Paulo (1980-1987), Nissan-JAP (1987-1989)
Seleção Brasileira: 1978-1986 (59 jogos, 2 gols)

No final daquele mesmo ano, o São Paulo seria campeão estadual numa decisão contra o Santos. No ano seguinte, viria o bi, mas Oscar, machucado, ficou fora da decisão contra a Ponte Preta, sua velha casa.

Oscar seria o ponto mais seguro da Seleção de Telê Santana na Copa de 1982. Depois do Mundial da Espanha, Telê transferiu-se para o Al Ahli, da Arábia Saudita. Voltou para montar o time para a Copa de 1986. De olhos fechados, chamou Oscar para liderar sua defesa. Mas, aos 32 anos, Oscar já não significava mais a segurança do passado. Ainda houve tempo para ocupar uma vaga no grupo do Mundial do México, ser campeão brasileiro na reserva do São Paulo e se transferir para o Japão, para ajudar no desenvolvimento do futebol por lá. Nesse tempo, Oscar já era diferente. Foi o único momento de sua vida em que nem sempre foi dito que ele só jogava bom futebol.

palhinha (jorge ferreira da silva)

> Ele alterava a sequência natural do jogo, porque de seus pés não saía nada que fosse trivial, corriqueiro.

HÁ TIMES QUE FUNCIONAM como máquinas perfeitamente concebidas e montadas, em que cada peça parece ser um prolongamento das outras. Nesses times, há peças que trabalham exatamente como esperamos e outras que nos surpreendem por uma excelência desconhecida.

Há jogadores feitos para determinado momento no tempo e no espaço. Durante esse momento, são astros. Antes e depois, não brilham com a mesma intensidade.

São como softwares que exigem a perfeita configuração para rodar em sua plenitude. Uma configuração que não se encontra facilmente.

A passagem de Palhinha pelo São Paulo foi assim.

Em três anos, sob o olhar de Telê Santana e ao lado de Raí, Cafu, Müller... ele foi um meia-atacante de passes perfeitos e gols de rara beleza. A exata definição de um jogador brilhante, inteligente, melhor.

Palhinha não era "apenas" o craque que previa o desenrolar das jogadas e já sabia o que faria com a bola antes de recebê-la. Ele alterava a sequência natural do jogo, porque de seus pés não saía nada que fosse trivial, corriqueiro.

Palhinha ganhou doze títulos pelo São Paulo, uma média de quatro por ano jogado no Morumbi. Copa Libertadores, Copa Intercontinental, Recopa, Supercopa... só para ficar entre os internacionais. Foi artilheiro da primeira Libertadores que o São Paulo ganhou, em 1992, e marcou o primeiro gol do time na decisão da Copa Intercontinental daquele ano, contra o Milan.

Para falar sobre ele, portanto, não faltam gols, títulos, momentos. O que escolhemos talvez você não tenha visto ou ouvido falar. Graças à internet, poderá conferir. Foi um passe.

São Paulo x Flamengo, segundo jogo das quartas de final da Copa Libertadores de 1993. Noite de 28 de abril, no Morumbi.

O volante Pintado dominou a bola na intermediária, mais para o lado esquerdo do ataque. Levantou a cabeça e rolou para Palhinha, que vinha na sua direção, de costas para o gol. Com apenas um movimento, girando para a direita, Palhinha parou a bola com o pé direito e lhe deu um leve tapa com o esquerdo. Pense numa jogada de sinuca.

O sinal de genialidade não está na forma como a bola foi recebida e seguiu seu caminho. Mas na capacidade de controlar o tempo do lance. Palhinha acelerou o ataque, com um passe tão lento que a bola quase parou. E foi tão rápido que, quando o zagueiro rubro-negro, Júnior Baiano, chegou perto dele, não tinha mais o que fazer ali.

E o que é mais impressionante: Palhinha serviu um jogador que ele não podia ver, mas sabia onde estava.

O alvo era Müller, que colaborou para o sucesso da criação do companheiro com um espetacular drible de corpo em Rogério. Na entrada da área, Müller também estava de costas para o gol, com seu marcador um passo atrás, quando a bola chegou a Palhinha. Os movimentos dos dois foram simultâneos. Palhinha girou, Müller também. O atacante saiu pela direita de Rogério, a bola passou pela esquerda. Quando Müller tocou nela, foi para driblar Gilmar e rolar para o gol.

Depois que saiu do São Paulo, Palhinha continuou sendo um ótimo jogador e ganhou mais títulos. Pelo Cruzeiro, conquistou 2 campeonatos mineiros, 1 Copa do Brasil e a Libertadores de 1997.

Mas, entre 1992 e 1995, ele foi um gênio.

Nome: Jorge Ferreira da Silva
Nascimento: 14/12/1967, em Carangola (MG)
Clubes: América-MG (1988-1991, 2000, 2002), São Paulo (1992-1995), Cruzeiro (1996-1997), Mallorca-ESP (1997), Flamengo (1998), Grêmio (1998-1999), Botafogo-SP (1999), Sporting Cristal-PER (2000), Gama (2001), Alianza Lima-PER (2001), Marília (2001-2002)
Seleção Brasileira: 1992-1993 (16 jogos, 5 gols)

palhinha (vanderlei eustáquio de oliveira)

HÁ DOIS MOMENTOS QUE NÃO PODEM faltar em nenhuma biografia sobre Palhinha. O primeiro é seu início no Cruzeiro. Assim que Tostão deixa o Cruzeiro e um lugar no ataque fica vago, Palhinha consegue segurar um posto entre os titulares. Entrando e saindo da equipe, o garoto revelado pelo técnico Lincoln Alves, do futebol de salão cruzeirense, já existia desde 1968. Mas como ganhar uma vaga numa disputa com Dirceu Lopes e Tostão? Só mesmo quando o Vasco comprou o craque da Copa de 1970.

A partir daí, os gols viraram sua marca registrada – a ponto de se transformar no maior goleador da história da Copa Libertadores, com os 13 marcados na campanha do título de 1976. A marca só seria superada pelo brasileiro Luizão, em 2000.

O outro ponto inesquecível de sua carreira acontece logo após sua chegada ao Corinthians, vendido por 1 milhão de dólares, o maior negócio da história do futebol brasileiro na época. A estreia com derrota, marca registrada dos maiores ídolos corintianos, aconteceu contra o Guarani. Um vexame, com 3 x 0 para os bugrinos, numa manhã de domingo no Morumbi. Dois gols de Renato e um de Zenon marcaram a primeira partida do craque contratado pelo Corinthians, que lutava pelo primeiro título em 23 anos.

A redenção de Palhinha viria na decisão do Campeonato Paulista de 1977. No primeiro jogo das finais, em 5 de outubro, o Corinthians precisava da vitória. A bola lançada para Palhinha permitiu-lhe o chute na entrada da pequena área. A bola tocou o joelho do goleiro Carlos e voltou no nariz de Palhinha. Morreu no fundo da rede.

Até 2000, foi o maior goleador da história da Copa Libertadores.

Na comemoração, Palhinha caiu por causa do choque violento da bola contra o nariz. Muita gente até hoje pensa que sua ausência no jogo do título, substituído por Luciano Coalhada, se deve à lesão produzida pelo gol de nariz. Não foi.

Na segunda partida das finais, Palhinha começou como titular, mas sofreu uma contratura muscular num lance com Odirlei, logo no começo. Substituído por Vaguinho, não participou do restante do jogo contra a Ponte – derrota corintiana por 2 x 1, no dia do recorde de público do Morumbi, com 138 mil pagantes. Tampouco jogou na noite da redenção, quando o gol de Basílio representou o fim do longo jejum corintiano.

Depois do Corinthians, Palhinha passou a vagar por clubes. Foi vice-campeão brasileiro pelo Atlético Mineiro, num time de craques como Reinaldo, Éder e Toninho Cerezo. No ano seguinte, caiu na primeira fase da Libertadores e iniciou a derrocada, jogando em clubes como Santos e Vasco, sem sucesso. Acabou voltando ao Cruzeiro, também num extenso jejum de taças. Em 1984, após 6 campeonatos seguidos vencidos pelo Atlético, Palhinha virou o líder do meio de campo. Camisa 8 às costas, a mesma que consagrou Tostão. E conquistou um título estadual, o último de sua carreira.

Já não era seu melhor momento. Mas Palhinha ainda era capaz de honrar a camisa azul, como nos tempos em que esperava o dia certo para virar titular.

Nome: Vanderlei Eustáquio de Oliveira
Nascimento: 11/6/1950, em Belo Horizonte (MG)
Clubes: Cruzeiro (1968-1977), Corinthians (1977-1980), Atlético Mineiro (1980-1981), Santos (1981-1982), Vasco (1982-1983), Cruzeiro (1983-1984), América-MG (1985)
Seleção Brasileira: 1973-1979 (16 jogos, 4 gols)

paulo césar caju

Paulo César era craque dentro e fora do gramado.

PAULO CÉSAR ERA CRAQUE dentro e fora do gramado.

Craque na bola, na ponta esquerda, abrindo pela lateral do campo para receber e cortando para o meio em direção ao gol.

Batia bem com os dois pés, mas maltratava seus marcadores por causa de um opcional de luxo que, para ele, era item de série: Paulo César era destro. Os outros pontas buscavam a linha de fundo. Ele, a diagonal. Na intermediária, perto do gol, era do "pé bom" que saíam passes, dribles, chutes. Covardia.

Craque na vida, ao transformar a infância sem futuro numa carreira extraordinária. Ao procurar e encontrar os próprios caminhos, agregar interesses ao dia a dia do futebol. Paulo César jogava bola para viver, não o contrário.

E como vivia! Nos anos 70, seu círculo de amizades no Rio de Janeiro era impensável até para jogadores atuais. Jornalistas, intelectuais, artistas, gente do cinema, da moda. Não era uma convivência interesseira, de qualquer parte. Ele era o único jogador de futebol aceito na roda, justamente por não ser monotemático.

Craque no marketing, muito antes de a categoria descobrir que é possível, e benéfico, cuidar da própria imagem.

A cor do cabelo, ao estilo *black power*, passou a ser sobrenome quando ele descoloriu para fazer par com o carro importado da Itália. Capota conversível, lataria num tom de acaju. O carro não precisava de placas. Era único, e o dono todo mundo conhecia. Sucesso garantido nas ruas.

Paulo César tinha seu lado rebelde, gostava da noite, mas sabia que os excessos prejudicariam sua profissão. Numa época em que os cigarros habitavam vestiários, ele discutia com os companheiros fumantes. A atração principal da vida noturna eram as mulheres, abordadas com a competência de um ponta perigoso que, mais tarde, evoluiu para um meia inteligente. Durante uma excursão do Fluminense à Europa, ele foi visto dançando, de rosto colado, com Catherine Deneuve.

A carreira no futebol foi brilhante. Paulo César começou no Botafogo bicampeão carioca em 1967/1968. Foi à Copa de 1970 aos 21 anos, como reserva que jogou quatro partidas e voltou campeão do mundo. Ganhou mais um título estadual pelo Flamengo, em 1972. Depois de disputar sua segunda Copa, em 1974, como titular, passou duas temporadas no Olympique de Marselha, onde foi vice-campeão francês e artilheiro do campeonato.

Paulo César sentiu-se em casa na França, paraíso para os interessados em cultura e gastronomia. Como no Rio, extrapolou os limites do futebol. Conheceu e ficou próximo de gente influente das artes, do entretenimento e dos esportes, como o amigo Yannick Noah, ex-tenista e hoje cantor.

No retorno ao Brasil, jogou nas "máquinas" do Fluminense, bicampeão carioca em 1975 e 1976. Em 1979, foi para o Grêmio para mostrar que "jogador carioca não joga só no Maracanã". Enfrentou o frio, a virilidade do campeonato gaúcho e fez sucesso num tipo diferente de futebol. Não deu outra: Grêmio campeão.

Passou pelo Vasco e pelo Corinthians. A última temporada foi em 1983, novamente no Grêmio, como campeão da Copa Intercontinental.

Paulo César Caju era craque, e sabia disso.

Nome: Paulo César Lima
Nascimento: 16/6/1949, no Rio de Janeiro (RJ)
Clubes: Botafogo (1967-1972), Flamengo (1972-1974), Olympique de Marselha-FRA (1974-1975), Fluminense (1975-1977), Botafogo (1977-1978), Grêmio (1978-1979), Vasco (1980), Corinthians (1981), Grêmio (1983)
Seleção Brasileira: 1967-1977 (57 jogos, 8 gols)

paulo césar carpegiani

Carpegiani era o vértice da técnica, da visão, do passe preciso, do controle do jogo.

HÁ UMA HISTÓRIA SOBRE CARPEGIANI que instiga a curiosidade de qualquer jornalista. Consta que, em 1968, o Grêmio o esperava para um teste no Estádio Olímpico. Contudo, na viagem de Erechim, onde morava, para Porto Alegre, seu carro foi abordado por alguém, e Carpegiani foi convencido a fazer o teste para o Internacional.

Quer dizer que o Grêmio perdeu um dos grandes craques do futebol brasileiro numa operação de emboscada digna da Guerra Fria?

Não. A história é "lenda urbana". A única verdade a respeito dela é o ano. E a viagem de carro de Erechim para a capital.

Eis o que realmente aconteceu. Além do sonho de jogar futebol, Carpegiani pretendia ser engenheiro. Foi a Porto Alegre tratar do vestibular e aproveitou para fazer dois treinos no Internacional.

Em Erechim, nunca tinha jogado futebol de campo, só futebol de salão. Mas os colorados gostaram do que viram. Ofereceram a ele uma ficha que, preenchida, o transformaria em jogador dos juvenis do clube. Carpegiani assinou o papel e voltou para o interior.

Mas o Grêmio tentou atravessar. Procurou os pais de Carpegiani com a ideia de uma reunião na próxima vez em que eles fossem a Porto Alegre. A insistência os convenceu. Marcaram a conversa da maneira mais conveniente: no final da tarde, na frente do aeroporto Salgado Filho. Horário estimado da chegada à capital, num local em que teriam de passar de qualquer forma.

Carpegiani nunca apareceu. Havia uma pedra no caminho. Uma pedra de verdade, que quebrou o eixo do carro que ele dirigia com os pais. O jeito foi parar em Getúlio Vargas, cidade ainda próxima a Erechim, para consertá-lo. Quando eles voltaram para a estrada, já passava das três da tarde. E, como não daria tempo de encontrar os gremistas, mudaram os planos e foram para Flores da Cunha, onde moravam parentes.

Compreensivelmente, o Grêmio nunca mais ligou. E a história do Internacional ficou intacta. No começo dos anos 70, no triângulo de meio-campo que

tinha o incansável Caçapava e o imortal Paulo Roberto Falcão, Carpegiani era o vértice da técnica, da visão, do passe preciso, do controle do jogo.

Dos 8 títulos gaúchos seguidos que o Inter ganhou entre 1969 e 1976, o nome de Carpegiani só não aparece no primeiro, porque ele ainda não jogava no time principal.

Depois do sensacional bicampeonato brasileiro de 1975 e 1976, o Flamengo foi buscá-lo no Beira-Rio para montar o que, para muitos, foi o melhor time que o rubro-negro já teve. Campeão carioca em 1978 e 1979 e campeão brasileiro em 1980.

Além do vermelho e branco e do vermelho e preto, Carpegiani só vestiu amarelo. Disputou a Copa do Mundo de 1974, na Alemanha, como titular da Seleção Brasileira a partir do segundo jogo.

Apenas metade do plano traçado no final da década de 60 se concretizou. A ideia de cursar engenharia foi substituída por uma carreira acadêmica menos concorrida: administração de empresas.

Só que o futebol "atrapalhou", e a matrícula está trancada até hoje.

Nome: Paulo César Carpegiani
Nascimento: 7/2/1949, em Erechim (RS)
Clubes: Internacional (1970-1977), Flamengo (1977-1980)
Seleção Brasileira: 1974-1979 (16 jogos, 0 gol)

pepe

Um canhão no pé esquerdo, quatro centenas de gols pelo Santos e um brincalhão incomparável.

A MELHOR DEFINIÇÃO sobre a carreira de Pepe foi sempre dada por ele mesmo.

– Sou o maior artilheiro da história do Santos.

Ponta dos bons, apelidado de "Canhão da Vila" pelo chute potente, Pepe tem a resposta na ponta da língua quando se diz que ele marcou 405 gols contra 1.091 de Pelé com a camisa santista.

– O maior goleador sou eu. O Pelé é *hors-concours*.

Como Pelé foi o melhor jogador do planeta e é incomparável, Pepe tem razão. Tem também o orgulho de ser o craque com o maior número de taças com a camisa branca gloriosa. Em 1955, já fazia parte do time e fez gol na decisão – contra o Taubaté – em que o clube conquistou o primeiro troféu em vinte anos; desde 1935, o Santos estava na seca.

Em 1973, último título da era Pelé, Pepe atendia pelo nome completo – José Macia –, sentava-se no banco de reservas, ostentava a brilhante calvície e orientava a equipe no cargo de técnico de futebol. Montou um time muito mais pobre que os incríveis esquadrões da década de 60. Cejas, Zé Carlos, Carlos Alberto, Marinho Peres e Turcão; Clodoaldo e Léo Oliveira; Jair da Costa, Eusébio, Pelé e Edu. A taça não veio por completo porque um erro na contagem da decisão por pênaltis, do árbitro Armando Marques, permitiu a divisão do campeonato entre Portuguesa e Santos. Mas Pepe colocou-se na história como o primeiro campeão pelo Santos como treinador e jogador.

Nos tempos de craque, brilhou até mesmo quando a figura *hors-concours* de Pelé ficou faltando. Em 1963, na finalíssima da segunda Copa Intercontinental vencida pelo time da Vila Belmiro, Pepe jogou bem contra o Milan no estádio San Siro, na Itália.

Mas, machucado, o Rei, desfalcou o esquadrão na segunda partida, disputada no Maracanã. O Milan saiu na frente com dois gols, mesmo em território brasileiro. Pepe virou o jogo com dois chutes monstruosos de longa distância. O campo molhado pela chuva enganou o goleiro italiano Ghezzi; o Santos venceu por 4 x 2 e obrigou a realização do terceiro jogo, também no Maracanã. A vitória por 1 x 0, com gol de Dalmo, de pênalti, deu ao Santos o segundo título mundial. Obra que só se concretizou graças aos chutes de Pepe.

Dali até 1969, Pepe esteve presente em todos os campeonatos conquistados pela equipe de Lula. Perdeu espaço para os pontas Abel e Edu, mais jovens, a partir da segunda metade dos anos 60. Mas seguiu como ídolo da torcida.

Também ajudou o Brasil nas conquistas das duas primeiras Copas do Mundo, embora não tenha jogado como titular em nenhum dos dois mundiais. Era o reserva de Zagalo, menos talentoso, mais tático.

Poucos jogadores em todos os tempos têm mais linhas em sua galeria de títulos. São 10 Paulistas, 5 Taças Brasil, 1 Roberto Gomes Pedrosa, 2 Libertadores, 2 Intercontinentais. E, como técnico, campeão paulista pelo Santos, brasileiro pelo São Paulo, paulista pela Inter de Limeira, em 1986. Sua marca registrada como treinador era a mesma dos tempos de craque: simplicidade. Um canhão no pé esquerdo, quatro centenas de gols pelo Santos e um brincalhão incomparável. Em tudo isso, Pepe é o cara *hors-concours*.

Nome: José Macia
Nascimento: 25/2/1935, em Santos (SP)
Clube: Santos (1954-1969)
Seleção Brasileira: 1956-1963
(34 jogos, 16 gols)

piazza

> Muito mais que isso, era um volante completo, um líder.

NÃO, WILSON PIAZZA NUNCA FICOU CONHECIDO como um curinga.

Muito mais que isso, era um volante completo, um líder. O homem em torno do qual se formatou o estupendo time do Cruzeiro, de Tostão e Dirceu Lopes. Se os craques estavam lá na frente, a liderança vestia a camisa 5.

De todos, só Raul e Piazza sobreviveram intactos às duas gerações, às duas épocas de vitórias cruzeirenses. Vestiram-se de azul na final contra o Santos, na Taça Brasil de 1966. Também se vestiram assim na decisão da Libertadores, contra o River Plate, dez anos depois. Dirceu Lopes e Zé Carlos, dois outros remanescentes, estavam fora de uma ou da outra final, por lesão ou opção tática.

Como optar por deixar Piazza de fora? Não havia como.

Também por isso Zagalo montou sua equipe para a Copa do Mundo de 1970 com Clodoaldo com a camisa 5, Gérson com a 8, Rivelino com a 10. E ainda havia Jairzinho com a 7, Carlos Alberto na lateral direita com a 4. Faltava alguém para vestir a camisa 3, a do quarto-zagueiro, pela numeração adotada.

Piazza virou curinga. Ou melhor, tornou-se zagueiro.

Não saiu do nada a opção de Zagalo. No passado, pelo Cruzeiro, a função de beque já havia sido executada com sucesso. O jornalista Cláudio Arreguy se lembra de um episódio marcante:

– No empate por 3 x 3 com o Atlético, pelo Estadual de 1967. O Galo estava muito à frente na tabela. No início do jogo, Tostão se machucou e deu o lugar a Zé Carlos. Piazza recuou para a defesa. Procópio foi expulso e Piazza passou a formar a dupla de zaga com o inseguro Victor. Com 10 jogadores, o Galo fechou o primeiro tempo com 2 x 0. No segundo, Laci fez 3 x 0 e, na saída da bola, Natal descontou. Pouco depois, Natal fez mais um. Numa bola cortada com o braço pelo zagueiro Wander, o árbitro Etelvino Rodrigues marcou pênalti. Aí entra o herói esquecido desse clássico, que foi um dos maiores da história, pelo lado celeste. Piazza se apresentou para a cobrança e chutou a bola no alto, deslocando o goleiro Hélio e empatando. Ele teve personalidade para definir um lance que salvou o time da derrota. Pouco

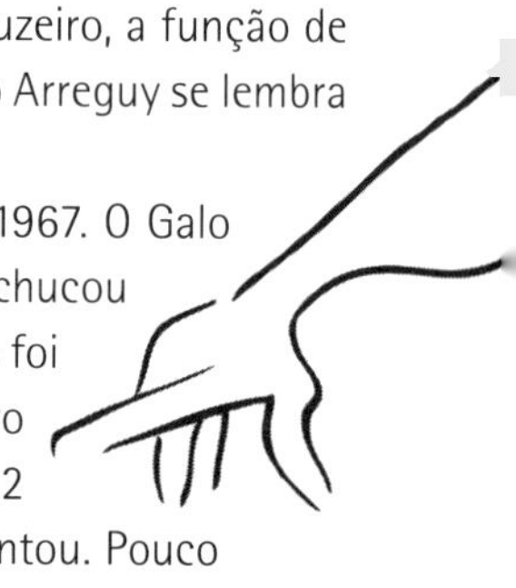

depois, Zé Carlos cobraria uma falta no travessão. O Galo não seguraria a vantagem e seria alcançado pelo Cruzeiro na penúltima rodada. Depois das férias, os rivais decidiram o título em melhor de três. Com vitórias por 3 x 1 e 3 x 0, o Cruzeiro foi tri.

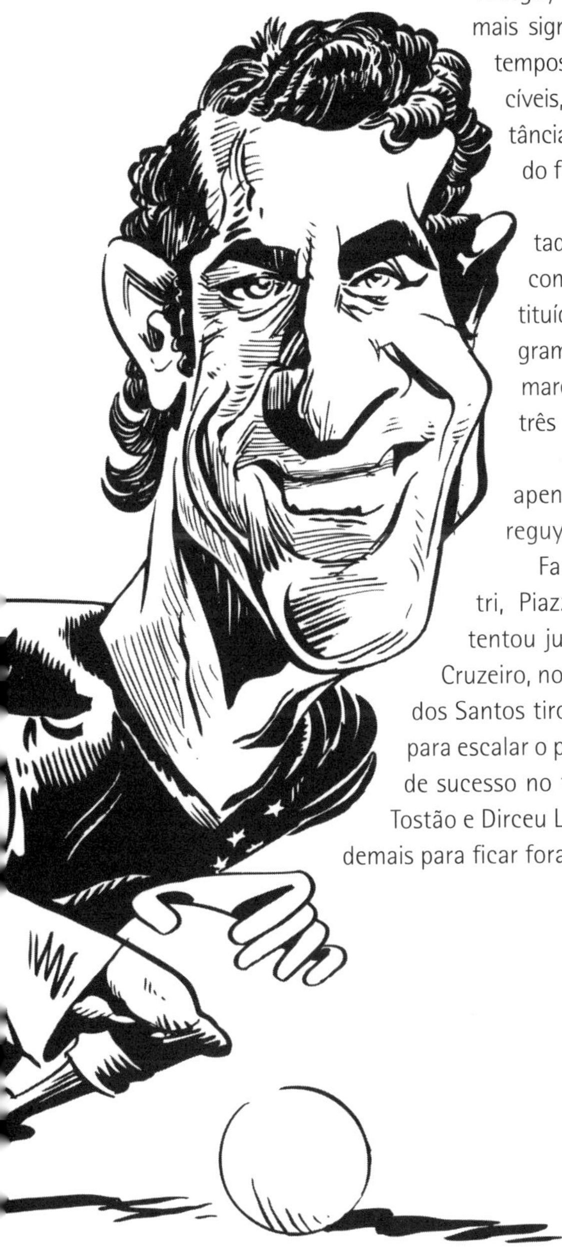

Arreguy conta a história de um dos títulos mais significativos do Cruzeiro em todos os tempos. Mas há outros episódios inesquecíveis, partidas que demonstram a importância e o caráter do curinga mais nobre do futebol brasileiro.

Contra o River, na decisão da Libertadores, Piazza mal se aguentava em pé, com um problema no púbis. Seria substituído, mas insistiu para permanecer no gramado. Só saiu depois do gol da vitória, marcado por Joãozinho aos quarenta e três minutos do segundo tempo.

– Substituição para ganhar tempo, apenas, já nos acréscimos – lembra Arreguy.

Famoso como o quarto-zagueiro do tri, Piazza não foi sacrificado quando se tentou juntar os craques mais talentosos do Cruzeiro, no final dos anos 60. O técnico Gérson dos Santos tirou o centroavante Evaldo da equipe para escalar o primeiro quadrado de meio de campo de sucesso no futebol brasileiro: Piazza, Zé Carlos, Tostão e Dirceu Lopes. Como volante, Piazza era bom demais para ficar fora do time.

Nome: Wilson da Silva Piazza
Nascimento: 25/2/1943, em Ribeirão das Neves (MG)
Clubes: Renascença-MG (1961-1964), Cruzeiro (1964-1979)
Seleção Brasileira: 1967 a 1976 (51 jogos, 0 gol)

pita

A TARDE DE 20 DE AGOSTO DE 1978 era para ser de Sócrates. Não havia sido fácil, afinal, a missão do Corinthians de contratá-lo, numa batalha ferrenha com o São Paulo. Mas, quando o clássico contra o Santos começou, quem pagou ingresso para ver o Doutor teve de prestar atenção a um novo camisa 10 de escudo santista no peito.

Pita parecia grudar a bola no pé esquerdo. Naquela tarde, só finalizou com o pé mágico a jogada toda construída por Juary e fez o Santos inaugurar o placar, depois empatado por Rui Rei, na estreia de Sócrates.

Aquela tarde trazia também dois tabus. Um deles, o Corinthians não vencia quando estreava craque. O outro, o Santos queimava um a um todos os seus camisas 10, desde que Pelé decidiu abandonar a Vila Belmiro, em 1974.

O peruano Mifflin? Fracassou. Aílton Lira, contratado da Caldense, virou titular, mestre nas cobranças de falta, mas perdeu espaço graças à maneira como se dedicava aos treinos, na visão do técnico Chico Formiga.

E assim foram Toinzinho, Zé Mário, depois Rubens Feijão...

Pita era diferente. Começou a vida sonhando em ser craque, mas vendendo caranguejos na estrada que liga Santos ao Guarujá. Vida dura, sempre à espera de um carro que parasse no acostamento em busca de frutos do

Nos quatro anos seguintes, o São Paulo ganharia dois Paulistas e um Brasileiro, todos com o pé mágico de Pita em ação.

mar. Ou de um olheiro que o descobrisse jogando peladas na areia da praia. Acabou descoberto pelos observadores do Santos.

Na decisão do Campeonato Paulista de 1978, já em junho de 1979, Pita enfileirou quatro zagueiros são-paulinos pelo lado direito do campo, chegou à linha de fundo, puxou a bola para o pé bom e fuzilou o goleiro Valdir Peres. Um gol fantástico, que abriu a decisão em melhor de quatro pontos, com vitória santista sobre o São Paulo por 2 x 1 – o Santos seria campeão depois de três partidas decisivas.

O São Paulo seria sua segunda casa, a partir de 1984. Chegou ao Morumbi numa troca em que o Santos ficou com Zé Sérgio – ponta-esquerda habilíssimo, mas que já entrava em fase de declínio – e o volante Humberto. Ao final do primeiro ano, a ilusão era de que o Santos havia levado vantagem. O Santos chegou ao título paulista numa jogada iniciada por Zé Sérgio, que passou por Humberto, antes do gol de Serginho. Nos quatro anos seguintes, o São Paulo ganharia dois Paulistas e um Brasileiro, todos com o pé mágico de Pita em ação.

Em 1986, fez um dos gols do empate por 3 x 3 com o Guarani, na finalíssima do Campeonato Brasileiro, jogada em Campinas. Em 1987, deixou o São Paulo momentaneamente para disputar os Jogos Pan-Americanos de Indianápolis. Foi campeão na noite de sexta-feira, 21 de agosto. Dizia-se que estava fora da semifinal contra o Palmeiras, a ser disputada no domingo à tarde. Desembarcou na capital paulista no início da manhã do dia 23. O clássico das semifinais começou às 16h07 e um minuto depois já registrava 1 x 0. Gol de Müller. Passe preciso de Pita, numa cobrança de falta milimétrica.

Nome: Edivaldo de Oliveira Chaves
Nascimento: 4/8/1958, em Nilópolis (RJ)
Clubes: Santos (1978-1984), São Paulo (1984-1988), Racing Stasbourg-FRA (1988-1990), Guarani (1991), Nagoya Grampus-JAP (1992)
Seleção Brasileira: 1979-1987 (7 jogos, 0 gol)

quarentinha

Um artilheiro de chute certeiro e violento, infalível na grande área.

FAÇA A LISTA DOS MAIORES CRAQUES do Botafogo. Ela facilmente vai incluir gênios dribladores como Garrincha, estilistas como Heleno de Freitas, maestros como Didi. Nenhum deles tem a glória suprema de ter marcado o maior número de gols com a camisa alvinegra. O maior artilheiro é Quarentinha.

Um artilheiro de chute certeiro e violento, infalível na grande área e, no entanto, marcado por outra de suas características. Em sua biografia, que recebeu o sugestivo título de *O Artilheiro Que Não Sorria*, escrita pelo jornalista Rafael Casé, a reprodução de um diálogo com a repórter Maria Helena Araújo explica a razão de não festejar seus gols:

– Se um repórter fotográfico faz uma foto espetacular, ele sai por aí dando socos no ar? Não, fica satisfeito com seu trabalho. É o meu caso.

Seu emblema era esse. Fazia gols de todos os jeitos, virava-se e caminhava para o meio de campo. Apenas pelo Botafogo, a cena se repetiu 306 vezes, o número de gols que o colocou no topo da relação de artilheiros botafoguenses. Em segundo lugar aparece Carvalho Leite, goleador dos anos 30, com 45 gols a menos.

Quarentinha surgiu em 1951, no time aspirante do Paysandu, em Belém. Recebeu o apelido em uma referência ao pai, Luís Lebrego, também atacante do Paysandu, que tinha o apelido de Quarenta – foi tricampeão paraense entre 1927 e 1929, bicampeão em 1931 e 1932. No início dos anos 40, após consagrar-se com números espantosos que fazem dele até hoje o terceiro maior artilheiro do Paysandu, Quarenta viajou para o Rio e jogou pelo Vasco. Sem sucesso.

A trajetória do filho seguiu idêntica. Entrou na equipe titular em 1952 e sobreviveu à perda do título para o Remo. Na sequência, um amistoso contra o Vasco, numa excursão do Expresso da Vitória ao Norte do Brasil, foi marcado por uma goleada espetacular dos vascaínos: 9 x 3. Mas Quarentinha marcou os 3 gols do Paysandu. Chamou a atenção dos clubes do Sul pela primeira vez.

Transferiu-se para o Vitória e ajudou o rubro-negro baiano a quebrar um jejum de 44 anos sem levantar a taça. Em 16 jogos, 14 gols marcados. A campanha valeu a convocação para a Seleção Baiana, que realizou amistoso com o Botafogo naquele ano. O resultado surpreendeu: 4 x 1 para os baianos. O futebol de Quarentinha, mais ainda. Foi dele o gol mais bonito da partida, driblando toda a defesa alvinegra na grande área. No ano seguinte, um combinado Bahia-Vitória enfrentou o Botafogo. No retorno ao Rio, o técnico Gentil Cardoso indicou a contratação de Quarentinha.

Na chegada ao Rio, foi abordado por um dirigente vascaíno. Quarentinha refutou.

– Vim jogar pelo Botafogo.

Jogou dois anos, foi emprestado ao Bonsucesso em 1956, voltou em 1957 para ser campeão carioca como ponta-esquerda. Seu ápice no Botafogo veio mesmo na campanha do bicampeonato carioca de 1961 e 1962. Antes, entre 1958 e 1960, foi três vezes seguidas artilheiro do torneio estadual, feito inédito até então, que só Zico e Romário repetiriam.

Quarentinha não festejou nenhuma dessas glórias. A torcida do Botafogo comemorou por ele.

Nome: Waldir Cardoso Lebrego
Nascimento: 15/9/1933, em Belém (PA)
Falecimento: 11/2/1996, no Rio de Janeiro (RJ)
Clubes: Paysandu (1951-1952), Vitória (1953 e 1964-1965), Botafogo (1954-1955 e 1957-1964), Bonsucesso (1956), Unión Magdalena-COL (1965-1966), Deportivo Cáli-COL (1966), Atlético Junior-COL (1967), América-SC (1968)
Seleção Brasileira: 1959-1965 (13 jogos, 14 gols)

raí

QUANDO RAÍ CHEGOU AO SÃO PAULO, em 1987, era o irmão de um jogador genial.

Quando saiu, em 1993, era dono de todos os títulos que um jogador de um clube brasileiro pode desejar.

Não seria elegante, nem justo, preencher essa página com comparações entre dois craques de mesmo sangue, mas tão diferentes.

Porque a carreira de Raí é um roteiro repleto de talento, profissionalismo, obstinação e vitórias.

Do início, no Botafogo de Ribeirão Preto, ao título supremo no Japão, com o São Paulo. Passando pela glória na Seleção Brasileira, na Copa de 1994, e os títulos no futebol francês.

À paisana, Raí era tímido. De uniforme, era silenciosamente extraordinário. Foi o artilheiro do São Paulo em vários títulos, numa época em que o time do Morumbi ganhou tudo. Gols em quantidade e qualidade.

Jogava um futebol clássico, sempre com a cabeça erguida, auxiliado pela combinação exata entre técnica e força. Raí tinha o vigor desses volantes especializados na destruição que hoje infestam os gramados do mundo. Mas tinha também um QI elevado, a capacidade de enxergar três jogadas à frente, o passe milimétrico e o faro do gol. Completando o pacote, não tinha constrangimentos em correr mais quando seu talento parecia estar num dia de folga.

A carreira de Raí é um roteiro repleto de talento, profissionalismo, obstinação e vitórias.

Qualidades que vieram acompanhadas de uma fortaleza mental que o auxiliou a perseguir e conquistar objetivos estabelecidos. Bom exemplo é o período na França.

O Paris Saint-Germain era o melhor time do país e tinha contratado o meia que liderara o São Paulo em 2 títulos da Libertadores e 1 Copa Interncontinental. Os franceses imaginaram aquele jogador em seu meio de campo e sonharam com um *upgrade* instantâneo.

Mas o primeiro ano em Paris fugiu ao *script*. Raí era um titular que não completava os jogos que iniciava. Uma substituição frequente. Às vezes, era até suplente.

Chances para assumir a derrota, e mudar de rota, ele teve. Intenção de abandonar o caminho, nenhuma. Vencer na Europa era o plano quando deixou o Brasil.

Logo os frequentadores do Parque dos Príncipes (casa do PSG) veriam um legítimo representante da realeza do futebol brasileiro. Raí conquistou primeiro uma vaga no meio de campo, depois o direito de liderar o time, depois a torcida, a crítica e títulos. Um Campeonato Francês, 2 Copas da França e 1 Recopa da Europa.

A volta ao futebol brasileiro aconteceu sob sigilo, em 1998. O São Paulo o havia inscrito no Campeonato Paulista às vésperas do segundo jogo da decisão contra o Corinthians. Raí desembarcou na cidade, foi direto para o Morumbi e marcou um gol no jogo que lhe valeu mais um título.

Poucos meses depois, durante o Campeonato Brasileiro, sofreu uma lesão nos ligamentos do joelho esquerdo, que consumiu um ano entre cirurgia e recuperação. Ele voltaria a jogar, mas por pouco tempo.

A carreira de Raí terminou em 2000, mais uma vez campeão paulista. Para o são-paulino, ele deixou alegrias incalculáveis.

Nome: Raí Souza Vieira de Oliveira
Nascimento: 15/5/1965, em Ribeirão Preto (SP)
Clubes: Botafogo-SP (1984-1987), Ponte Preta (1987), São Paulo (1987-1993 e 1998-2000), Paris Saint-Germain-FRA (1993-1998)
Seleção Brasileira: 1987-1998 (49 jogos, 15 gols)

■ raul

QUASE TUDO ACONTECEU POR ACASO na vida de Raul, o maior goleiro da história do Cruzeiro. Paranaense de Antonina, trocou o Atlético Paranaense pelo São Paulo e acabou oferecido numa troca com o Cruzeiro. Na concentração do Morumbi, onde vivia, Raul mandou o recado:

– Não quero ir.

A contragosto, precisou trocar São Paulo por Belo Horizonte, no momento exato em que a capital mineira inaugurava o estádio que mudaria completamente o destino do futebol local.

Meses depois, antes de uma partida do Cruzeiro, Raul percebeu que o roupeiro havia esquecido sua camisa oficial. Como o lateral Neco costumava vestir um modelo de mangas compridas amarelo, pregou nele um número 1, improvisado, e seguiu para o jogo.

As inevitáveis provocações usaram como foco Wanderléa, a louraça cantora de sucesso na Jovem Guarda, de cabelos tão dourados quanto a camisa do goleiro cruzeirense. Chamava a atenção o modelito amarelo, mas logo as atuações seguras do goleiro cruzeirense ganharam destaque.

A camisa virou marca registrada, o Cruzeiro ganhou terreno e, no final do segundo ano de Raul como goleiro, chegou à final da Taça Brasil contra o Santos de Pelé. No primeiro jogo da decisão, uma vitória esma-

Não levava frango, mas, mesmo assim, teve poucas chances na Seleção Brasileira.

gadora, por 6 x 2, no Mineirão. Para Raul, o jogo ficou na memória mesmo pelo encontro com Pelé.

Raul relata em seu livro *Histórias de um Goleiro* que o início do jogo contra o Santos foi marcado pela sua tensão diante do ataque adversário. Dois tiros de média distância passaram rente à sua trave, sem que Raul esboçasse reação.

– Até que o William, nosso capitão, virou-se para mim e disse: "Ô, Raul, você vai jogar? Ou então dá logo para ele!" – Alusão à admiração evidente de Raul por Pelé, bem à sua frente.

Raul acordou, o Cruzeiro goleou, venceu por 3 x 2 fora de casa o segundo jogo, levantou a Taça Brasil e mudou a história do futebol mineiro.

Raul ficou no Cruzeiro até 1978, ano em que trocou a camisa amarela por um modelo verde, usado no Flamengo. A categoria e a segurança não mudaram. Raul passou maus bocados nos primeiros tempos no Rio – chegou a ser reserva de Cantarelle –, mas recuperou-se a tempo de ser titular do gol do Flamengo campeão brasileiro de 1980. Mais que isso, campeão mundial de 1981, vestindo a camisa 1 do time de Zico, que venceu o Liverpool por 3 x 0 na decisão em Tóquio.

Não levava frango, mas, mesmo assim, teve poucas chances na Seleção Brasileira. Uma delas, no segundo jogo de Telê Santana como treinador, uma derrota por 2 x 1 para a União Soviética, no Maracanã, praticamente sepultou sua chance de disputar uma Copa.

A lembrança apaixonada dos torcedores do Flamengo e do Cruzeiro, porém, ele nunca perdeu. Há os que se enganem e digam que o último jogo de sua carreira foi o Fla-Flu que deu ao Fluminense o título carioca de 1983. No último instante do jogo, Delei lançou Assis à frente de Raul, que saiu tentando interceptar o gol inevitável. Foi o último gol sofrido. No último jogo como profissional, contra o Bangu, o Flamengo venceu por 2 x 0. Raul, como era praxe, não sofreu gol.

Nome: Raul Guilherme Plassmann
Nascimento: 27/9/1944, em Antonina (PR)
Clubes: Atlético Paranaense (1963-1964), São Paulo (1964-1965), Cruzeiro (1965-1978), Flamengo (1978-1983)
Seleção Brasileira: 1968-1980 (9 jogos)

reinaldo

Desequilibrava jogos com a competência que nenhum outro jogador de seu tempo conseguia.

REINALDO COMPLETOU 16 ANOS em janeiro de 1973, ao mesmo tempo que Dario anunciava sua despedida do Atlético. Não se tratava de uma despedida qualquer. Dario, centroavante tricampeão mundial pela Seleção Brasileira, era também o herói do título brasileiro conquistado pelo Galo. Substituir o ídolo de toda a nação atleticana não era missão para qualquer um. Tinha de ser um gênio.

E Reinaldo era.

Durante os doze anos seguintes, período em que reinou soberano com a camisa 9 do Atlético, José Reinaldo de Lima só foi parado por um zagueiro: a violência. Por isso, dividiu seu tempo entre o gramado do Mineirão, o departamento médico do Galo e a mesa de cirurgia.

Aos 21 anos, enquanto comandava o Atlético até a final do Campeonato Brasileiro de 1977, já havia sofrido lesões e extraído dois meniscos. Até o final da carreira, fez jogos sob efeito de injeções para não sentir dor e retirou os meniscos que lhe restavam. Se o equilíbrio não era seu forte, o jeito era desequilibrar.

E desequilibrava jogos com a competência que nenhum jogador de seu tempo conseguia. Nem Zico, nem Sócrates, talvez só Falcão conseguisse resultados tão expressivos na segunda metade da década de 70.

Ou nem Falcão, na opinião do técnico da Seleção Brasileira, Cláudio Coutinho, que deu a Reinaldo a camisa 9 no Mundial da Argentina, em 1978, e nem sequer convocou Falcão, por causa de uma briga entre os dois.

Na Copa, sentindo as lesões do joelho e a pressão num time malmontado, Reinaldo fez um gol na estreia contra a Suécia, mas jogou mal a segunda partida e perdeu o lugar para Roberto Dinamite, a partir do terceiro jogo, contra a Áustria. Roberto era o preferido do presidente da CBD, o almirante e vascaíno Heleno Nunes.

Reinaldo seguiu sua carreira no Atlético, ficou fora do Mundial de 1982.

– Confesso minha mágoa com Telê Santana, que me deixou de fora do segundo mundial – disse Reinaldo ao programa *Bola da Vez*, da ESPN Brasil.

Na prática, Telê não tinha como chamá-lo. As lesões já o haviam vencido.

Mesmo assim, o brilho com a camisa do Atlético seguiu inquestionável. O ápice aconteceu na decisão do Campeonato Brasileiro de 1980 contra o Flamengo. Na primeira partida, no Mineirão, fez o gol da vitória atleticana por 1 x 0. No Maracanã, o Galo jogava pelo empate, mas sofreu o primeiro gol, de Nunes. Reinaldo empatou. Zico fez 2 x 1, e Reinaldo mancava, com uma das inúmeras lesões no joelho. Com uma perna só, ao menos com uma única perna boa, Reinaldo escorou de primeira um cruzamento da esquerda. Um golaço.

Até hoje, a torcida do Atlético culpa a arbitragem paulista de José de Assis Aragão pela derrota no Maracanã, causada por um gol de Nunes e pelas expulsões de Reinaldo, Chicão e Palhinha. Se Reinaldo só não conseguiu vencer a violência, o Atlético nunca conseguiu vencer os juízes.

Longe das disputas nacionais, Reinaldo seguiu como o ícone de um time soberano nas Minas Gerais. Em 1983, ajudou a conquistar o hexacampeonato mineiro, maior glória estadual do Atlético. Deixou o clube em 1985, para uma experiência rápida e frustrada no Palmeiras. Voltou a Minas para vestir, por apenas dois jogos – sem gols –, o azul e branco do Cruzeiro. Até isso os atleticanos desculparam, súditos eternos do rei do Mineirão.

Nome: José Reinaldo de Lima
Nascimento: 11/1/1957, em Ponte Nova (MG)
Clubes: Atlético Mineiro (1973-1985), Palmeiras (1985), Rio Negro (1986), Cruzeiro (1986), Hacken-SUE (1987), Telstar-HOL (1988)
Seleção Brasileira: 1975-1985 (29 jogos, 11 gols)

renato gaúcho

OS GREMISTAS SE LEMBRARÃO ETERNAMENTE da sequência de dribles num zagueiro alemão, em Tóquio. Renato dominou a bola pela direita e balançou o corpo duas vezes. Seu marcador, olhos fixos na bola, só podia rezar. Um toque na bola com o pé esquerdo, acelerando em direção à linha de fundo, apenas preparou os golpes. Um breque, e o coitado do zagueiro, atrasado, virou de costas. Outro toque de esquerda armou o chute, forte e rasteiro, entre o goleiro e a trave.

Os tricolores gaúchos também nunca se esquecerão do segundo gol que fez do Grêmio o dono do planeta futebol. Na área, Renato ajeitou com o pé direito uma bola desviada, cortou para a esquerda e bateu no canto. Os 2 x 1 sobre o Hamburgo valeram o título mais importante da história do Grêmio, o da Copa Intercontinental de 1983.

Os rubro-negros se lembrarão eternamente da arrancada para o gol no Mineirão. Renato estava dentro do grande círculo quando a bola veio do campo de defesa. O único zagueiro a marcá-lo ficou para trás no primeiro toque, mas não desistiu. Renato escapou da falta, entrou na área e driblou o goleiro João Leite, que ainda tentou segurá-lo pela camisa. O toque para a rede vazia anotou o gol da vitória do Flamengo sobre o Atlético Mineiro por 3 x 2, levando o rubro-negro à final (que o clube ganharia) da Copa União, em 1987.

A personalidade forte e o caráter contestador o acompanharam durante toda a carreira.

Quem é Fluminense se lembrará eternamente do gol de barriga no Maracanã. Fla-Flu, final de campeonato, quarenta e dois minutos do segundo tempo. Aílton foi ao ataque pela direita e aplicou duas fintas em seu marcador. Já dentro da área, chutou para o gol, cruzado. A bola ia claramente para fora, mas encontrou a barriga de Renato no caminho e entrou. Foi o segundo gol dele nos 3 x 2 que transformaram o Fluminense em campeão estadual de 1995.

Três momentos distintos no tempo, nas cores, mas protagonizados pelo mesmo ponta-direita forte, rápido, dificílimo de ser marcado. E decisivo.

Renato Gaúcho profissionalizou-se no Grêmio, aos 20 anos. Na temporada seguinte, já era ídolo. Teve atuação marcante na conquista da Libertadores. Fez um dos gols do Grêmio no lendário empate por 3 x 3 contra o Estudiantes de La Plata, pelo triangular semifinal, e mandou a torcida argentina ficar quieta, esquentando ainda mais o clima de guerra numa noite em que os gremistas temeram não sair vivos do estádio.

A personalidade forte e o caráter contestador o acompanharam durante toda a carreira. Foram garantias de idolatria por onde passou e também de polêmicas como a do corte da Seleção Brasileira que disputou a Copa do Mundo de 1986.

Numa folga, Renato e o lateral Leandro perderam o horário para voltar à concentração. Bateram de frente com Telê Santana e não foram ao México.

Renato nasceu gaúcho, em Guaporé. Mas a origem só virou sobrenome quando ele foi para o Rio de Janeiro jogar no Flamengo, em 1987.

Passou uma temporada na Roma, mas logo voltou para ganhar títulos pelo Flamengo, Cruzeiro e Fluminense.

Nome: Renato Portaluppi
Nascimento: 9/9/1962, em Guaporé (RS)
Clubes: Grêmio (1982-1987), Flamengo (1987-1988, 1989-1990, 1994, 1997-1998), Roma-ITA (1988-1989), Botafogo (1991-1992), Cruzeiro (1992-1993), Atlético Mineiro (1994), Fluminense (1995-1996), Bangu (1999)
Seleção Brasileira: 1983-1991 (41 jogos, 5 gols)

rivaldo

Sobre sua carreira, só sobraram a admiração e o agradecimento.

O MAIOR INCENTIVADOR DA CARREIRA de Rivaldo foi seu pai. A mãe reclamava a cada vez que via o filho, no início da noite, batendo bola nas ruas sem calçamento da pequena cidade de Paulista, nos arredores do Recife. O pai insistia para que jogasse. A mãe queria o menino usando a mão esquerda para escrever, estudar, concentrar-se em ajudar a família ao escolher uma profissão. O pai queria ver o pé esquerdo em ação, grudando-se em uma bola de capotão.

Foi quando Rivaldo decolou na carreira, logo depois de disputar a Copa São Paulo de futebol júnior e chamar a atenção dos críticos com a camisa do Santa Cruz, que a pior notícia de sua vida aconteceu. O pai morreu atropelado por um ônibus, numa rua movimentada de Paulista.

O futebol teve sorte. O destino do craque já estava selado graças à insistência do pai, que venceu a resistência da mãe.

Rivaldo decolou do Santa Cruz para o Mogi Mirim. No final de 1993, encantava o estado de São Paulo, brilhando num time de movimentação constante, que ganhou o apelido de "Carrossel Caipira". A dúvida, àquela altura, ainda era se Rivaldo era o craque do trio ofensivo do Mogi Mirim ou se teriam mais sucesso os companheiros Válber e Leto.

Na dúvida, o Corinthians levou os três para o Parque São Jorge, em companhia também do lateral Admílson. Rivaldo transferiu-se por empréstimo, sem o preço do passe fixado, condição que permitiria ao Corinthians confirmar sua compra ao final de um ano de trabalho. Válber e Leto fracassaram, mas foram comprados pelo alvinegro e ficaram mais tempo na Fazendinha. E o Corinthians viu o melhor dos três seguir para o Palmeiras, por 2,5 milhões de dólares, a maior contratação do país na época. Como a vingança é um prato que se come frio, no ano seguinte a decisão do Campeonato Brasileiro reuniu Palmeiras e Corinthians. Uma vitória alviverde por 3 x 1, com 2 gols de Rivaldo, um empate por 1 x 1 e o gol da taça marcado também por ele.

Mas foi ainda como jogador do Corinthians que ele estreou na Seleção Brasileira, fazendo gol num amistoso vencido contra o México. Estreou em Guadalajara, no mítico estádio Jalisco, onde o Brasil foi tricampeão. Parecia um prenúncio do que sua carreira na Seleção lhe reservava. Rivaldo ficou fora da Copa de 1994, preterido por Paulo Sérgio, do Bayer Leverkusen. Mas se tornou o dono da camisa 10 em duas Copas do Mundo, o primeiro a alcançar tal façanha depois de Zico. Na França, em 1998, foi decisivo especialmente no jogo das quartas de final contra a Dinamarca. Em 2002, marcou 5 gols e foi, para muitos, o melhor jogador da Seleção Brasileira pentacampeã mundial.

Por muito tempo, Rivaldo ressentiu-se da falta de prestígio. Um pouco fruto da timidez, mais que do preconceito com nordestinos de que ele reclama. Para quem saiu de Paulista, no interior de Pernambuco, e só jogou futebol por insistência do pai, Rivaldo foi longe. Foi eleito o melhor do mundo da bola em 1999, quando era jogador do Barcelona. Não há preconceito, não, Rivaldo. Sobre sua carreira, só sobraram a admiração e o agradecimento. O 10 depois de Zico.

Nome: Rivaldo Vítor Borba Ferreira
Nascimento: 19/4/1972, em Paulista (PE)
Clubes: Santa Cruz (1991-1992), Mogi Mirim (1992-1993), Corinthians (1993-1994), Palmeiras (1994-1996), La Coruña-ESP (1996-1997), Barcelona-ESP (1997-2002), Milan-ITA (2002/2003), Cruzeiro (2004), Olympiacos-GRE (2004-2007), AEK Atenas-GRE (2007-2008), Bunyodkor-CAS (2009)
Seleção Brasileira: desde 1993

rivelino

Rivelino é uma figura mítica.

EM MARÇO DE 2008, o genial francês Zinedine Zidane esteve em São Paulo. Um de seus compromissos foi um jogo de futsal que teve a participação de vários ex-jogadores brasileiros. Os campeões mundiais Aldair, Márcio Santos, Mauro Silva e Müller, entre outros, estavam no ginásio do Clube Paineiras do Morumby, repleto de crianças e adolescentes.

Na apresentação dos jogadores, Zidane, claro, foi o mais aplaudido. O segundo, que provocou enorme alvoroço a cada vez que tocou na bola, foi um senhor chamado Rivelino.

A grande maioria dos presentes, em volta da quadra, não viu Rivelino jogar. Por que, então, tamanha popularidade?

Porque Rivelino é uma figura mítica.

Quem gosta de futebol, e não pôde vê-lo a olho nu, tem apenas as imagens da televisão, especialmente as da Copa de 1970, como fontes visuais de um jogador que não parece ser deste mundo.

A mesma perna esquerda que inventou um drible humilhante, o "elástico", era capaz de disparar chutes tão potentes que as câmeras não tinham condições de acompanhar. Noutras vezes, a bola fazia curvas que, hoje em dia, só vemos em computação gráfica. Nas comemorações de gols, o homem chegava a um nível tal de loucura que balançava os braços para cima e para baixo, como se estivesse revoltado com alguma coisa. Dizem que ele chorava. Era emoção no estado mais bruto possível.

E sempre haverá um pai, um avô, um tio, prontos a fazer comentários que engrandeçam a lenda.

Rivelino só jogou em dois clubes brasileiros, o Corinthians e o Fluminense. No alvinegro paulista, o meia viveu os amargos anos do jejum de títulos, que poderia ter acabado em 1974 não fosse uma inesperada e inesquecível derrota para o Palmeiras, na final do Paulistão. Ele era chamado de "Reizinho do Parque", mas foi tratado como o mais simples dos plebeus, marcado pela frustração de mais uma temporada sem alegrias, como se fosse o culpado.

No tricolor carioca, estreou num amistoso contra o ex-clube e marcou 3 gols na vitória por 4 x 1, no Maracanã. O time do Fluminense, no qual Rivelino jogava mais avançado, era chamado de "Máquina Tricolor". Foi bicampeão estadual (1975 e 1976).

Em 1978, uma proposta milionária para os padrões da época o levou para o futebol árabe. O Al-Hilal ofereceu muito mais que casa, comida e roupa lavada para o jogador mais valioso que atuava no Brasil naqueles dias.

Foram as três últimas temporadas da carreira de Rivelino. Treze anos, três clubes, três Copas do Mundo.

Aqueles que nasceram depois que ele parou agradecem à televisão. E têm a sorte de poder ver e rever as atuações da "Patada Atômica", apelido autoexplicativo criado durante a Copa de 1970. Rivelino faz parte do time que estará em todas as conversas sobre o melhor de todos os tempos, enquanto a humanidade existir.

O poder daquelas imagens é tamanho que continua a encantar gerações, décadas depois dos dribles, dos lançamentos, dos gols.

Nome: Roberto Rivelino
Nascimento: 1.º/1/1946, em São Paulo (SP)
Clubes: Corinthians (1965-1974), Fluminense (1975-1978), Al-Hilal-SAU (1978-1981)
Seleção Brasileira: 1965-1978 (90 jogos, 26 gols)

“A mesma perna esquerda que inventou um drible humilhante, o ‘elástico’, era capaz de disparar chutes tão potentes que as câmeras não tinham condições de acompanhar.”

roberto carlos

Roberto Carlos tornou-se o maior lateral-esquerdo da história do clube da capital espanhola.

DUAS PARTIDAS PELA SELEÇÃO BRASILEIRA marcam a carreira de Roberto Carlos. Contra a França, em 1997, em que deu o chute forte, de pé esquerdo, que partiu da intermediária e fez a bola descrever uma das curvas mais famosas da história do futebol. Na imagem por trás do gol, a bola parece ir na direção da bandeira de escanteio, mas volta para raspar na trave e entrar.

E para muitos torcedores da Seleção, Roberto Carlos fez desaparecer as boas imagens ao se abaixar para ajeitar a meia no lance que decidiu a derrota para a França, na Copa do Mundo de 2006. Se a missão de marcar Thierry Henry era dele ou não, pouca gente discutiu, nem Carlos Alberto Parreira afirmou taxativamente que isso havia sido treinado. Pela lógica da montagem da grande área nas bolas paradas, Roberto Carlos deveria ser o homem do rebote. Sua função era mesmo ficar na cabeça da área, bem ali, onde ajeitava o seu meião.

Roberto Carlos nasceu em Garça, mas apareceu para o futebol no União São João. Aos 18 anos, foi convocado para a Seleção Brasileira, jogando lá mesmo pelo time de Araras, onde teve a companhia de Éder, na mesma temporada. De Éder, herdou o gosto pelas cobranças de falta e o jeito de bater na bola enviesado para enganar os goleiros. Virou craque.

Estreou pelo Palmeiras em janeiro de 1993 contra o Marília. Era famoso pelo bom apoio ao ataque, mas um carrinho logo no segundo jogo contra o XV, em Piracicaba, mostrou que defender também era seu esporte. Tornou-se querido pela torcida do Palmeiras depois de ganhar os títulos paulista e brasileiro de 1993 e 1994. Em 1993, fez o cruzamento perfeito para Evair marcar o primeiro gol na vitória do título contra o Vitória, no Morumbi. Em Salvador, em 1994, empatou o jogo com o Bahia, vencido depois por 2 x 1, com um tiro da intermediária.

Amado e odiado, deixou o Palmeiras após um vacilo na primeira partida das finais do Paulistão de 1995, perdido para o Corinthians. Um pênalti malcobrado deu chance ao Corinthians de conquistar o título com um empate no primeiro jogo e uma vitória na prorrogação da segunda partida. Como já estava vendido para a Internazionale, de Milão, a perda do pênalti gerou acusações de displicência. Mas Roberto Carlos já estava na história.

Na Inter, oscilou entre o futebol exuberante, na primeira metade da temporada 1995/1996, e o declínio, na segunda parte do campeonato. O clube, recém-comprado pelo presidente Massimo Moratti, sonhava com o chileno Ivan Zamorano, do Real Madrid, e decidiu envolver o lateral brasileiro no negócio. Roberto Carlos tornou-se o maior lateral-esquerdo da história do clube da capital espanhola.

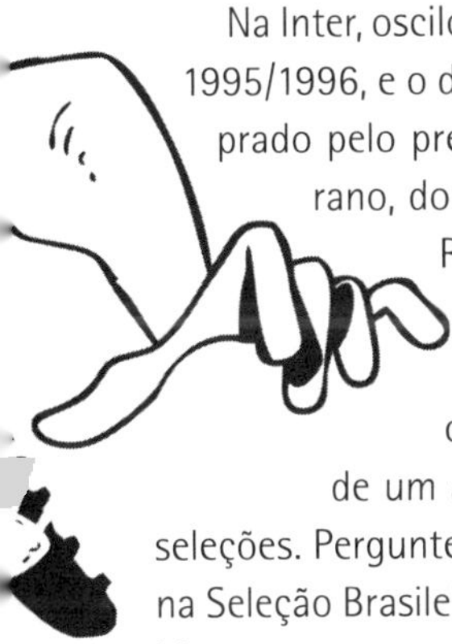

Então, peça a qualquer torcedor do Palmeiras que escolha o melhor lateral da história de seu clube. Peça também a opinião de um aficionado do Real Madrid. Roberto Carlos estará em ambas as seleções. Pergunte a um torcedor na faixa dos 30 anos se viu outro lateral melhor na Seleção Brasileira. Você pode não gostar da pinta, lembrar de vacilos históricos. Mas, se torceu pelo Palmeiras, pelo Real Madrid ou pela Seleção Brasileira, com Roberto Carlos, emoções você viveu.

Nome: Roberto Carlos da Silva Rocha
Nascimento: 10/4/1973, em Garça (SP)
Clubes: União São João (1991-1992), Palmeiras (1993-1995), Internazionale-ITA (1995-1996), Real Madrid-ESP (1996-2007), Fenerbahçe-TUR (2007-2009), Corinthians (desde 2010)
Seleção Brasileira: desde 1992

roberto dinamite

Roberto Dinamite era uma máquina de fazer gols.

NA HISTÓRIA DO CAMPEONATO BRASILEIRO, ninguém marcou mais gols que Roberto Dinamite. Foram 190.

Na história do Campeonato Carioca, ninguém marcou mais gols que Roberto Dinamite. Foram 279.

Na história do Vasco da Gama, ninguém marcou mais gols que Roberto Dinamite. Foram 708.

Roberto Dinamite era uma máquina de fazer gols. Dominava os fundamentos dos centroavantes: o chute com os dois pés, o cabeceio, a colocação na área.

O Vasco o descobriu nos campos de várzea do Rio de Janeiro, e ele retribuiu, transformando-se no maior ídolo do clube.

Nas categorias de base, era um atacante do tipo trombador, que se aproveitava do porte físico. Esse é um comentário geralmente feito a respeito de jogadores que procuram compensar a pouca técnica com outras formas de sobrevivência nos gramados.

Mas Roberto Dinamite já era um goleador eficiente, no início dos anos 70, mesmo antes de se aprimorar tecnicamente e acrescentar outras qualidades ao seu futebol. Ele foi o artilheiro do Vasco na campanha do primeiro título brasileiro do clube, em 1974.

No final da década, a evolução como jogador lhe permitiu sair da área para trocar passes, cobrar faltas com alto índice de aproveitamento, preocupar as defesas adversárias com chutes violentos.

Os gols e títulos no Vasco atraíram o interesse do Barcelona, mas a experiência na Espanha foi curta e frustrante. Durou apenas três meses e produziu só 3 gols.

O retorno ao Maracanã foi melhor do que ele mesmo teria escrito se tivesse chance. Num jogo do Campeonato Brasileiro de 1980, o Vasco goleou o Corinthians por 5 x 2 no Maracanã. Roberto Dinamite fez os cinco gols. O primeiro, driblando o zagueiro e batendo forte. O segundo, num chute de longe, que desviou no morrinho. O terceiro, em contra-ataque, da entrada da área. O quarto, no rebote do goleiro. E o quinto, um chutaço de fora da área.

Em mais nove anos de serviço, outros quatro títulos estaduais foram para São Januário, graças às centenas de gols do camisa 10.

Os vascaínos dirão que seu ídolo não teve as oportunidades e/ou não recebeu o tratamento que merecia na Seleção Brasileira. E ai de quem discordar.

Roberto Dinamite jogou a Copa de 1978, na qual marcou 3 gols. Um deles foi o da vitória contra a Áustria, terceiro jogo daquele Mundial, num chute que desviou levemente no zagueiro e acertou o ângulo. Como não havia participado dos dois primeiros jogos, o gol que classificou o Brasil para a segunda fase é considerado um dos principais momentos de sua carreira.

Em 1982, foi convocado de última hora para substituir Careca, mas não foi aproveitado em nenhuma partida.

Em quase vinte anos de suor e gols, Dinamite marcou o Vasco da Gama como nenhum outro jogador. Ninguém jogou mais vezes pelo clube – 1.110 atuações.

É por isso que, para o vascaíno, ele é apenas Roberto. O apelido dado pelos jornalistas Eliomário Valente e Aparício Pires, que viram o centroavante surgir em 1971, é usado por quem precisa diferenciá-lo.

Para os devotos de São Januário, só há um Roberto.

E não haverá outro.

Nome: Carlos Roberto de Oliveira
Nascimento: 13/4/1954, em Duque de Caxias (RJ)
Clubes: Vasco (1970-1979, 1980-1989, 1990, 1992-1993), Barcelona-ESP (1979-1980), Portuguesa (1989-1990), Campo Grande (1991)
Seleção Brasileira: 1975-1984 (38 jogos, 20 gols)

robinho

Aos 9 anos, era um pequeno mágico.

ROBINHO NÃO NASCEU no dia 25 de janeiro de 1984, num hospital de São Vicente, como está escrito em seus documentos.

Há quem diga que seu nascimento se deu no Esporte Clube Beira-Mar, quando o menino magrinho desafiava garotos mais velhos com uma bola de futsal que não descolava de seus pés. Aos 9 anos, era um pequeno mágico.

Existe outra versão para o seu surgimento: a de que Robinho veio ao mundo em 1994, quando foi jogar futsal na Associação Atlética dos Portuários e os olheiros do Santos o viram pela primeira vez. O impacto foi instantâneo.

Mas esse relato não é aceito por todos. Os mais próximos à família juram que Robinho nasceu quando trocou a quadra de futsal pelo campo de futebol. Era um adolescente com cara de menino. Quem o via não lhe dava nem 12 anos de idade, mas aprendia a respeitá-lo quando a bola entrava na conversa. Zagueiros de 15, 16 anos, alguns já barbados, tiveram encontros inesquecíveis com alguns dos mais humilhantes dribles já inventados. Não adiantava ameaçar o garoto com promessas de caráter ortopédico. Muito menos tentar pegá-lo "de jeito".

Ao lado de Diego, outra revelação do clube, Robinho foi a estrela da campanha do título paulista sub-17, em 2001. Para muitos, o troféu é sua verdadeira certidão de nascimento. Mas esses, também, estão errados.

Pois Robinho nasceu no dia 15 de dezembro de 2002, um domingo, no estádio do Morumbi. Não se sabe o horário exato, mas foi por volta das 16h30.

Santos e Corinthians disputavam o segundo jogo da final do Campeonato Brasileiro. Robinho recebeu uma bola do lado esquerdo do ataque, bem próximo à linha lateral, e disparou na diagonal, em direção à área.

O corintiano Rogério diminuiu a distância e colocou-se entre Robinho e seu destino. Robinho deixou a bola correr e, sem diminuir muito o ritmo, passou o pé direito por cima da bola. Depois o esquerdo e depois o direito de novo. Esquerdo, direito, esquerdo... Foram sete hipnotizantes pedaladas, sem encostar na bola. De costas para o gol, Rogério provavelmente não percebeu que já tinha cruzado a linha da área. Estava, portanto, dentro do território em que o preço pago por uma falta é alto. Quando Robinho finalmente tocou na bola, a reação do corintiano foi instintiva: esticou a perna direita para cortá-la. O movimento foi muito atrasado, os dois joelhos direitos se tocaram, Robinho caiu. A dois metros do lance, o árbitro Carlos Eugênio Simon marcou pênalti.

Robinho tinha 19 anos de idade, era um recém-chegado ao profissionalismo. Mesmo num time jovem como o Santos, não era considerado um líder. Mas seu primeiro gesto após se levantar foi pedir a bola. Ele fez a jogada, ele sofreu o pênalti, ele queria bater.

Bateu, marcou e nasceu.

Robinho ainda participou dos outros 2 gols da vitória do Santos por 3 x 2, que deu ao clube o primeiro título importante em 18 anos.

Nome: Robson de Souza
Nascimento: 25/1/1984, em São Vicente (SP)
Clubes: Santos (2002-2005 e desde 2010), Real Madrid-ESP (2005-2008), Manchester City-ING (2008-2010)
Seleção Brasileira: desde 2003

rogério ceni

Nenhum outro jogador empresta rosto e voz a um clube dessa forma.

QUANDO SE FALA EM JOGADORES identificados com seus clubes, é preciso buscar exemplos no passado.

Pelé, Nilton Santos, Ademir da Guia, Zico...

Nomes que remetem automaticamente às cores que defenderam, como se jamais tivessem vestido algo diferente do uniforme com o qual fizeram história. E, mesmo depois da aposentadoria, continuamos com a impressão de que, desde a hora em que acordam até o momento em que vão dormir, esses jogadores estão com o distintivo colado no peito.

A transformação do futebol num negócio zilionário e global acelerou os mecanismos das transferências. Os ciclos são cada vez mais curtos. Relacionamentos duradouros entre jogadores e clubes, cada vez mais raros.

Mas é preciso fazer um aparte nessa conversa quando se toca no nome de Rogério Ceni.

Rogério não é só um jogador absolutamente identificado com o São Paulo, em tempos em que tudo no ambiente do futebol conspira contra esse tipo de identificação. Ele personifica o São Paulo. Para muitos, ele é o São Paulo.

A longevidade ajuda a explicar o fenômeno. Rogério chegou ao clube em 1990, vindo do Sinop (MT), e nunca mais saiu. Até 1997, foi reserva de Zetti. Daquele ano em diante, é impossível começar a escalar o time do São Paulo com outro nome. Nada mais natural que a simbiose entre eles.

Em julho de 2005, Rogério transformou-se no jogador que mais vezes vestiu a camisa do clube, ultrapassando Valdir Peres, com 618 jogos. Marca que dificilmente será quebrada e, se for, provavelmente não significará tanto para o próximo dono.

Pois Rogério, como se sabe, não apenas defende o gol do São Paulo. Ele também faz gols pelo São Paulo. Entre outras coisas, é por isso que a torcida costuma dizer que "todos têm um goleiro, só o São Paulo tem Rogério".

Mas é claro que o alicerce dessa relação diferente não é somente o tempo. Rogério sempre foi um profissional dedicado ao clube, e só conquistou o *status* de unanimidade quando... conquistou.

O ano de 2005, quando o São Paulo voltou a levantar a Copa Libertadores e foi campeão do Mundial de Clubes da Fifa, marca a chegada de Rogério ao Olimpo são-paulino.

A atuação dele na final do Mundial, contra o Liverpool, talvez seja a melhor entre as melhores. Pelo menos quatro defesas impediram gols ingleses, num jogo que o São Paulo venceu por 1 x 0.

Rogério, que já tinha os números, também ganhou os títulos. Combinação que alimenta a paixão da torcida e transforma o goleiro numa presença indispensável. Sem Rogério no gol, o São Paulo não é o mesmo, não é tão forte. O ano de 2009, em que uma fratura no tornozelo esquerdo o tirou de ação por longos quatro meses, obrigou o time a descobrir como é a vida sem seu capitão. Período de frustrante aprendizado que o torcedor são-paulino prefere esquecer.

Torcedor que se enche de orgulho quando ouve seu goleiro, que já foi a duas Copas do Mundo, dizer "Minha seleção é o meu clube". Não é demagogia. Da mesma forma que só o São Paulo tem Rogério, só Rogério tem o São Paulo. Nenhum outro jogador empresta rosto e voz a um clube dessa forma.

E nenhum gosta tanto de fazer isso.

Nome: Rogério Mücke Ceni
Nascimento: 22/1/1973, em Pato Branco (PR)
Clubes: Sinop (1987-1990), São Paulo (desde 1990)
Seleção Brasileira: desde 1997

romário

QUANDO VOCÊ OUVE FALAR EM ROMÁRIO, qual é a primeira imagem a visitar sua mente?

Se você respondeu que é o "rei do gol", com o corpo para fora da janela do avião e a bandeira do Brasil na mão, anunciando ao país a chegada da Copa de 1994, deve estar na companhia de muita gente.

Retire o baixinho da foto do tetra, e não há tetra. A Copa dos Estados Unidos é conhecida universalmente como a "Copa do Romário", e são raros os jogadores que têm seu nome associado, de forma tão automática, à glória maior da vida de um futebolista. Romário é tão original que "ganhou" o Mundial como centroavante da Seleção Brasileira sem ter sido artilheiro do torneio. Ele fez 5 gols. O búlgaro Hristo Stoichkov e o russo Oleg Salenko fizeram 6. Não que isso tenha alguma importância.

Mas, um dia, uma revisão minuciosa da história daquela Copa encontrará mais 2 gols de Romário, e ele se tornará, oficialmente, artilheiro, com 7.

Os 2 gols adicionais foram marcados em 19 de setembro de 1993, nove meses antes da estreia do Brasil na Copa. É a data da vitória por 2 x 0 sobre o Uruguai, no Maracanã. Jogo do qual dependia a classificação da Seleção. Outra derrota para os uruguaios naquele gramado, outro Maracanazzo, e o Brasil não jogaria nos Estados Unidos.

Romário não tinha jogado nenhuma partida das Eliminatórias. Careca, Müller, Bebeto e Evair eram os atacantes presentes nas convocações do técnico Carlos Alberto Parreira. Chegar à última rodada com a vaga sob risco era um drama anunciado; o momento mais delicado da campanha do time que perdeu um jogo de Eliminatórias, pela primeira vez, na história da Seleção Brasileira (para a Bolívia, por 2 x 0, em La Paz).

Romário estava em sua temporada de estreia no Barcelona, ano em que seria escolhido pela Fifa como o segundo melhor jogador do mundo, atrás do italiano Roberto Baggio.

O povo o convocou para estrear nas Eliminatórias, no último jogo. Parreira e Zagalo, coordenador técnico, obedeceram. E poucas vezes, em toda a história do futebol, um jogador recebeu tanta responsabilidade e foi alvo de tanta expectativa para ser decisivo em um só jogo.

Poucas vezes, também, um jogador fez exatamente o que dele se esperava.

Naquela tarde, Romário abriu os trabalhos com uma bola acolhida no peito, seguida por um chapéu em seu marcador. Em outro lance, recebeu um passe de Branco, no meio de campo. Girou, deixou a marcação para trás e iniciou uma tabela com Raí, que terminou com um toque por cobertura, no travessão do goleiro Robert Siboldi.

Romário também sofreu um pênalti claríssimo no primeiro tempo, quando lhe puxaram a camisa até ela esticar, na cara (de pau) do árbitro peruano Alberto Tejada.

Mas o melhor estava por vir no segundo tempo. Aos vinte e sete minutos, lançamento de Jorginho para Bebeto, na direita. O cruzamento saiu alto, porém sob encomenda para o baixinho, sozinho, subir e cabecear no chão. A bola passou entre as pernas de Siboldi e descolou 200 mil pés do concreto no Maracanã.

E, após uma roubada de Mauro Silva, Siboldi sentiu-se a caminho do matadouro. A bola vindo em sua direção, com Romário atrás dela, em alta velocidade. Com um toque, a ideia era dar o drible da vaca, mas o craque corrigiu a rota e passou pelo mesmo lado da bola. Quase ao lado da trave, só rolou para o gol.

Tire Romário deste jogo, e os livros contariam outra história.

"Pelé da grande área", "Gênio do gol", Romário fez mais de mil gols, de acordo com suas próprias contas.

Sorte de quem o viu.

Nome: Romário de Souza Faria
Nascimento: 29/1/1966, no Rio de Janeiro (RJ)
Clubes: Vasco (1985-1988, 1999-2002, 2005-2006, 2007-2008), PSV Eindhoven-HOL (1988-1993), Barcelona-ESP (1993-1995), Flamengo (1995-1996, 1996-1997, 1998-1999), Valencia-ESP (1996-1997), Fluminense (2002-2003, 2003-2004), Al-Sadd-CAT (2003), Miami (2006), Adelaide United-AUS (2006)
Seleção Brasileira: 1987-2005 (70 jogos, 55 gols)

"Pelé da grande área.
Gênio do gol."

ronaldinho gaúcho

> O Barcelona jogava para ele, e ele se divertia jogando para o mundo.

RONALDINHO GAÚCHO SURGIU PARA O MUNDO no segundo tempo. De um jogo que já estava decidido, entre Brasil e Venezuela.

Os gremistas (e, a bem da verdade, os colorados também) já o conheciam e imaginavam o que estava por vir, desde quando o menino dentuço não fez cerimônia na final do Campeonato Gaúcho de 1999 e deu dois dribles (em Dunga, ninguém menos) que entraram para a história dessa entidade chamada Gre-Nal. Ele fez o gol do título também.

Os dois jogos têm algo em comum, fora o óbvio. Do Gre-Nal, há quem não se lembre do resultado, mas ninguém jamais se esquecerá do dia em que Ronaldinho aplicou um elástico e um lençol no ex-capitão (e futuro técnico) da Seleção Brasileira.

Do Brasil x Venezuela, pela Copa América de 1999, o placar também pouco importa, pois o que ficou daquele jogo foi o gol. Outros seis foram marcados, e mesmo as memórias mais potentes terão de suar para recuperá-los. Mas do de Ronaldinho, até quem não viu se lembra.

Foi aos vinte e nove minutos. Pela direita, Cafu levou a bola até a linha de fundo e tocou para trás. Um passo dentro da área, o garoto de 19 anos ajeitou na coxa e, sem deixar a bola tocar o gramado, pôs um chapéu no primeiro marcador. Um quique, e veio o segundo, fintado por um toque com a parte externa do pé direito. Outro quique, mais outro, e o chute forte passou entre o goleiro e a trave.

Naqueles dias, houve quem perguntasse se o gol era prova do nascimento de um craque ou golpe de sorte. A resposta dependia de outra pergunta: quantos jogadores marcaram, dessa forma, a primeira oportunidade com a camisa do Brasil?

A que ele usou naquela noite em Ciudad de Leste, no Paraguai, era a 21. Três anos depois, já como jogador do Paris Saint-Germain, ele vestiria a 11, na campanha do penta, na Copa do Mundo da Coreia e Japão.

Mas foi com a 10 do Barcelona, que o contratou em 2003, que Ronaldinho pôs os dois pés (e os cabelos compridos) na galeria dos grandes craques de todos os tempos. Em 2004 e 2005, anos em que faturou o prêmio da Fifa de melhor jogador do mundo, o que Ronaldinho fazia no Barcelona era matéria obrigatória para todas as pessoas que gostam de futebol. O drible que engana o olhar, o passe que desafia a lógica, o gol de falta que desmente a física.

O Barcelona jogava para ele, e ele se divertia jogando para o mundo. Dois títulos da Liga Espanhola e um da Liga dos Campeões da Uefa aumentaram o acervo da sala de troféus do Camp Nou, enquanto Ronaldinho comandou o show. Foram 145 jogos e 70 gols.

O jogador mágico, entretanto, não apareceu na Copa de 2006 (justiça seja feita, ele não foi o único sumido), em uma Seleção Brasileira que chegou à Alemanha para buscar a taça e não passou das quartas de final. Nem no Barcelona Ronaldinho voltou a ser o mesmo.

No Milan desde 2008, ele tem a chance de lembrar o menino que sorria e fazia sorrir. Quem o viu surgir naquele segundo tempo, num estádio paraguaio, continua esperando.

E torcendo.

Nome: Ronaldo de Assis Moreira
Nascimento: 21/3/1980, em Porto Alegre (RS)
Clubes: Grêmio (1998-2001), Paris Saint-Germain-FRA (2001-2003), Barcelona-ESP (2003-2008), Milan-ITA (desde 2008)
Seleção Brasileira: desde 1999

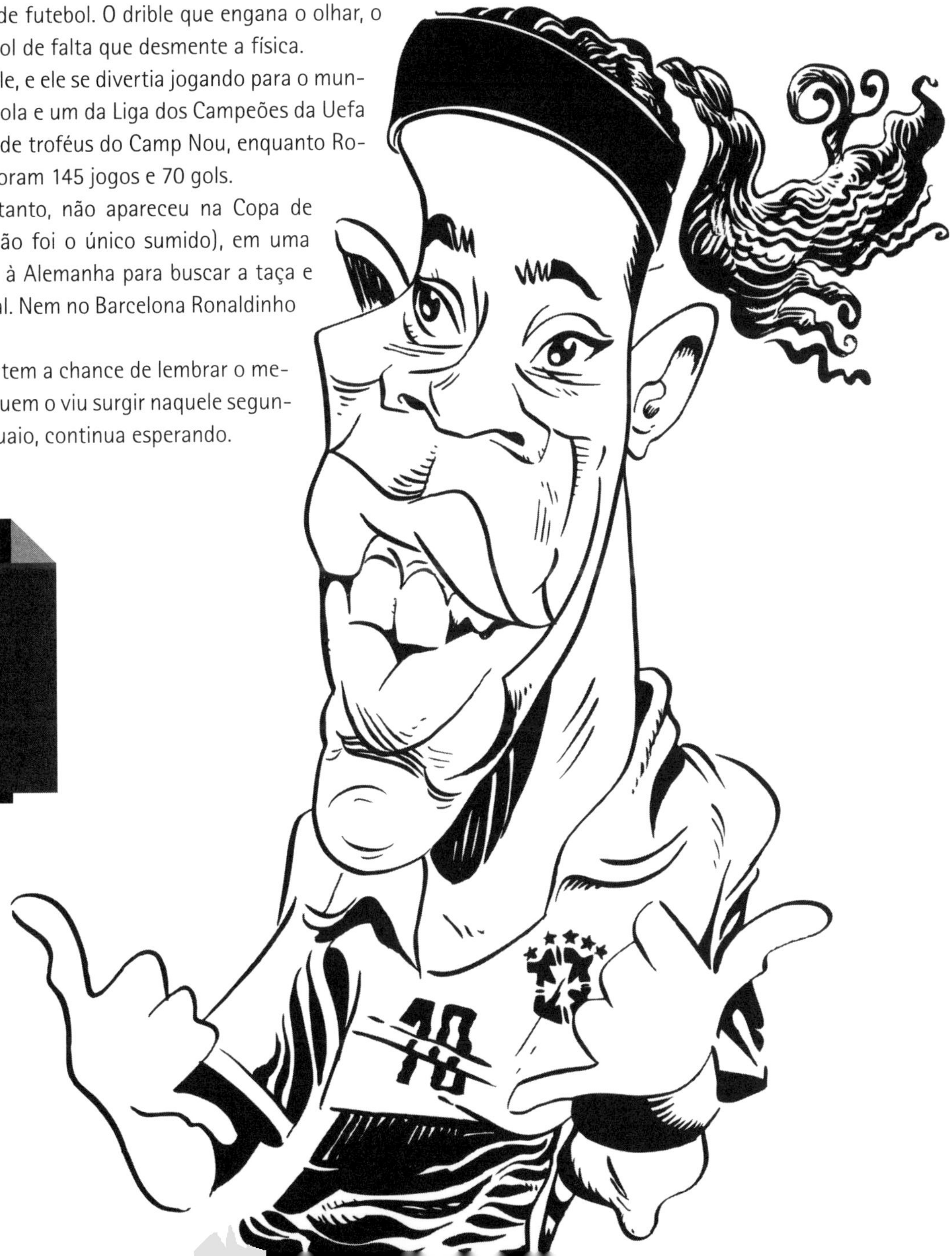

ronaldo

A maior volta por cima da história dos esportes.

NÃO É FÁCIL ESCREVER SOBRE RONALDO. Um filme bem-feito sobre a carreira dele seria longo, interessante e emocionante. Seria um filme sobre a maior volta por cima da história dos esportes.

Repetindo: a maior volta por cima da história dos esportes.

O leitor que não se ocupa só de futebol perguntaria: mas e Lance Armstrong?

Conversas diferentes. O ciclista norte-americano, único homem a vencer a Volta da França sete vezes, todas *depois* de se curar de tumores malignos nos testículos e no cérebro, não pode ser visto como alguém que protagonizou uma incrível recuperação esportiva. Seria uma visão simplista, imprecisa.

Lance Armstrong deu a volta por cima, driblou a morte. No terreno dos esportes, a história de Ronaldo, o Fenômeno, é incomparável.

O período mais dramático dessa história começou na tarde do dia 12 de julho de 1998, num hotel nos arredores de Paris. Ronaldo estava descansando após o almoço, em seu quarto na concentração da Seleção Brasileira. Teve uma convulsão que obrigou o lateral Roberto Carlos, com quem dividia a acomodação, a gritar por ajuda no corredor.

Levado para uma clínica em Paris, horas antes da final da Copa do Mundo, Ronaldo fez exames que nada constataram. Quando chegou ao Stade de France, disse ao técnico Zagalo que queria jogar. Só que a Seleção Brasileira já estava escalada com Edmundo no lugar dele. Discussão no vestiário, confusão na sala de imprensa, preocupação em campo. Ronaldo mal jogou, o Brasil jogou mal, foi engolido pela França do gênio Zinedine Zidane.

A decepção se transformaria em agonia nos anos seguintes. Em novembro de 1999, na Itália, uma lesão na rótula do joelho direito precisou ser corrigida cirurgicamente. Na volta ao futebol, cinco meses depois, Ronaldo só jogou seis minutos. A ruptura do tendão patelar do mesmo joelho roubou mais um ano de sua carreira.

Foi quando surgiram, pela primeira vez, as dúvidas sobre o futuro de Ronaldo como jogador de futebol. Dúvidas que o acompanharam durante as horas e horas de fisioterapia, no longo processo de recuperação.

Ronaldo não apenas voltou a jogar em alto nível. Completou a viagem iniciada naquele quarto de hotel em Paris, com o único desfecho capaz de compensar a frustração vivida em 1998. Oito gols marcados na Copa do Mundo da Coreia e do Japão, dois na final contra a Alemanha. Do risco da aposentadoria precoce ao Everest do futebol.

Os quatro anos que separam a convulsão da ressurreição são essenciais para definir a carreira do maior artilheiro da história das Copas. Mesmo que ele não tenha conseguido se preparar adequadamente para o Mundial da Alemanha, em 2006, quando era incomodado por repetidos problemas musculares, de diferentes gravidades. E mesmo que uma nova lesão no joelho, agora o esquerdo, sofrida em fevereiro de 2008, o tenha levado de volta à sala de cirurgia. E tenha levado muita gente, mais uma vez, a contemplar o fim.

– E aí, podemos? – perguntou o craque ao fisioterapeuta Bruno Mazziotti, quando despertou da anestesia.

– Claro que podemos – foi a resposta.

Com a camisa do Corinthians, campeão paulista e da Copa do Brasil em 2009, Ronaldo prossegue em cena.

Nome: Ronaldo Luís Nazário de Lima
Nascimento: 22/9/1976, no Rio de Janeiro (RJ)
Clubes: Cruzeiro (1993-1994), PSV-HOL (1994-1996), Barcelona-ESP (1996-1997), Internazionale-ITA (1997-2002), Real Madrid-ESP (2002-2007), Milan-ITA (2007-2008), Corinthians (desde 2009)
Seleção Brasileira: desde 1994

9

“Ronaldo, o Fenômeno,
é incomparável.”

■ serginho chulapa

Ganhar de Serginho, no alto, era um problema até para os melhores defensores.

QUAL ERA O ESTILO DE SERGINHO? Um estilo só dele.

Não há um centroavante atual que possa ser usado como exemplo numa conversa com quem não viu o "Chulapa" jogar.

E quem não o viu jogar perdeu a chance de admirar um talento muito particular para fazer gols. Um talento difícil de descrever.

Serginho não era um jogador elegante. Parecia ter alguma dificuldade para movimentar seu 1,88 metro, e talvez por isso estivesse quase sempre com os braços abertos. Pura questão de equilíbrio. Ao correr, não era exatamente um especialista na prova dos 400 metros rasos.

Também não era um jogador muito habilidoso, no sentido "driblador" da palavra. Provavelmente pelas mesmas dificuldades associadas ao seu tamanho.

Contudo, o que suas características físicas lhe tiraram deram-lhe em dobro.

Serginho dava aulas de posicionamento, impondo sua presença na área. No corpo a corpo, poucos zagueiros eram páreo para ele. Sua

vasta coleção de gols de cabeça foi resultado de um excelente senso de colocação e do domínio que ele exercia em jogadas aéreas. Ganhar de Serginho, no alto, era um problema até para os melhores defensores.

Marcá-lo dentro da grande área também não era fácil. Se fosse, Serginho não seria, até hoje, o maior artilheiro da história do São Paulo, com 243 gols.

Serginho fazia gols, e ponto. Bonitos, feios, fáceis, difíceis – e muitos. A melhor maneira de defini-lo é esquecer estilos e simplesmente dizer que ele foi um "centroavante goleador". E jamais se deixar enganar pelo jeitão desengonçado ou por algumas bolas matadas "na canela". Balançar a rede com tamanha frequência não é para qualquer um.

Serginho garantiu um lugar especial na história do São Paulo e do Santos. No Morumbi, em quase dez anos, disputou 401 jogos. Foi três vezes campeão paulista (1975, 1980 e 1981) e campeão brasileiro em 1977.

Na Vila Belmiro, teve três passagens. A mais importante foi a primeira, entre 1983 e 1985. Serginho foi artilheiro do Campeonato Brasileiro de 1983, no qual o Santos ficou com o vice-campeonato. Foi também artilheiro e autor do gol do título do Campeonato Paulista de 1984, na final contra o Corinthians. Pelo Santos, marcou 104 gols.

O principal momento de Serginho na Seleção Brasileira foi a Copa do Mundo da Espanha, em 1982. Convocado por Telê Santana (o mesmo técnico que o lançou no São Paulo, em 1973), ele era o reserva de Careca, que se machucou às vésperas da estreia. Titular, Serginho marcou 2 gols no Mundial.

Poderia ter sido a segunda Copa do Mundo de sua carreira, não fosse uma suspensão de um ano por causa de um problema disciplinar, no Campeonato Brasileiro de 1977. Num jogo entre São Paulo e Botafogo de Ribeirão Preto, após ter um gol anulado por impedimento, Serginho deu um chute no assistente Vandesvaldo Rangel, que assinalou a irregularidade. O ano suspenso lhe custou a Copa de 1978, na Argentina.

O temperamento explosivo, característica tão marcante quanto a facilidade para marcar gols, acompanhou-o por toda a carreira.

Nome: Sérgio Bernardino
Nascimento: 23/12/1953, em São Paulo (SP)
Clubes: Marília (1972), São Paulo (1973-1983), Santos (1983-1985, 1988, 1989-1990), Corinthians (1985), Marítimo-POR (1987), Atlético Sorocaba (1989), Portuguesa (1991), São Caetano (1991-1993)
Seleção Brasileira: 1979-1982 (20 jogos, 8 gols)

sócrates

O CORINTHIANS CHEGOU ATRASADO para a semifinal do Campeoanto Paulista de 1983. O jogo estava marcado para as 21 horas, e o ônibus corintiano ainda andava em torno do Palácio dos Bandeirantes, sede do governo paulista, a pouco mais de três quilômetros do estádio do Morumbi. Com os carros à frente parados, sem nenhuma perspectiva de que o tráfego andasse, Sócrates avisou aos colegas que o time inteiro iria descer do ônibus e seguir a pé até o campo.

O trajeto durou cerca de quinze minutos a pé, e o time seguiu imediatamente para o vestiário e, de lá, para o gramado, para o jogo. Na primeira partida das finais, Sócrates havia sido incomodado por um marcador chato. Márcio Alcântara perseguiu-o por tempo suficiente para produzir críticas em todas as colunas sobre atuações do clássico, no dia seguinte. Cansado da caminhada forçada, Sócrates não se abalou. Com pouco mais de dez minutos de jogo, recebeu um passe da defesa, de costas para o marcador, virou o corpo e bateu de pé direito. Caprichosa, a bola encaminhou-se para o canto direito do goleiro João Marcos.

Na campanha do título paulista de 1983, o bicampeonato conquistado em semifinais contra o Palmeiras, finais contra o São Paulo, Sócrates marcou em todas as partidas decisivas. Mesmo na primeira, em que foi anulado por Márcio Alcântara, deixou sua marca, cobrando pênalti.

Nos três jogos seguintes, brilhou e deu ao Corinthians o bicampeonato paulista.

> – Eu era alto demais e demoraria para virar e dar o toque na bola rapidamente. Aprendi a tocar de calcanhar.

Não, a carreira de Sócrates não foi só no Corinthians. Ele brilhou com a camisa do Botafogo de Ribeirão Preto, campeão do primeiro turno paulista em 1977. Da Fiorentina e até do Flamengo e do Santos, por onde passou no final da carreira.

E brilhou principalmente na Seleção Brasileira. Sua camisa 8 ficou imortalizada com a faixa de capitão de um dos times mais brilhantes já produzidos no país. A Seleção de Telê, eliminada nas quartas de final da Copa da Espanha, em 1982, era fantástica. E Sócrates fez o primeiro gol daquela campanha divina.

Contra a União Soviética, com o jogo apertado, o placar desfavorável, faltando quinze minutos para o final do embate, ele dominou pela meia esquerda, passou por dois zagueiros e fuzilou. Seguiu brilhando contra a Escócia, a Nova Zelândia e a Argentina, mas seu segundo gol no Mundial veio contra a Itália, no jogo fatídico. Um tiro forte, entre o goleiro Zoff e a trave esquerda, deu esperanças aos brasileiros, ao colocar 1 x 1 no placar.

A vitória não veio.

Sócrates ainda teve outra chance de ser campeão mundial no México, em 1986. Sua Copa já não foi tão brilhante, castigado pela idade, mas foi decisivo contra a Espanha, na estreia. Na partida contra a França, perdeu um dos pênaltis que selaram a eliminação do Brasil de Telê.

Seu nome já estava na história. Pela classe, pela genialidade, pelos toques de calcanhar, maneira singular que escolheu para driblar uma deficiência.

– Eu era alto demais e demoraria para virar e dar o toque na bola rapidamente. Aprendi a tocar de calcanhar.

Coisa de gênio.

Nome: Sócrates Brasileiro Sampaio de Souza Vieira de Oliveira
Nascimento: 19/8/1954, em Belém (PA)
Clubes: Botafogo-SP (1974-1978), Corinthians (1978-1984), Fiorentina-ITA (1984-1985), Flamengo (1986-1987), Santos (1988-1989), Botafogo-SP (1989)
Seleção Brasileira: 1979-1986 (60 jogos, 22 gols)

taffarel

Os pênaltis, sempre eles, viraram marca registrada do goleiro brasileiro.

O PRIMEIRO GOLEIRO BRASILEIRO a pisar uma pequena área na Europa foi Jaguaré. Pioneiro do futebol brasileiro em campos espanhóis, portugueses e franceses, Jaguaré, no entanto, não ficou na memória coletiva nem do Brasil nem da Europa. Quando Taffarel foi contratado pelo Parma, em 1990, a Itália inteira se perguntou se um goleiro brasileiro era suficientemente capaz de fazer sucesso na terra dos grandes camisas 1. Se a Itália tinha Zenga, Tacconi e Pagliuca, para que o Parma precisaria de Taffarel?

O resultado da pergunta foram piadas contadas semanalmente no programa *Mai dire gol*, um humorístico construído pela RAI para satirizar jogadores, seus hábitos e sotaques, num período em que a Itália era a maior importadora mundial de pé de obra.

Taffarel incomodava-se, irritava-se mesmo com as brincadeiras. Nem tanto com aquelas que diziam respeito ao seu sotaque brasileiro. As comparações de estilos é que faziam a diferença:

– O Zenga é um goleiro sem técnica nenhuma e eles o adoram – disse em entrevista à revista *Placar*, em 1994.

Taffarel era o oposto disso. Sem malabarismos, colocava-se sempre no local exato em que a bola ia. Diferentemente do bordão que se criou nos anos 90 – "Vai que é tua, Taffarel" –, a bola é que ia nele.

Taffarel nasceu em Santa Rosa, no interior do Rio Grande do Sul. Era gremista na infância, mas foi no Internacional que se destacou. Ainda júnior, já era apontado como o goleiro para a segunda metade dos anos 80, a ponto de o Inter aceitar vender o titular Gilmar para o São Paulo, em 1985. Nesse mesmo ano, Taffarel ainda atendia pelo nome de Cláudio e vestia a camisa da Seleção Brasileira sub-20.

Três anos depois, sempre pelas seleções menores, foi decisivo na campanha dos Jogos Olímpicos de Seul. Defendeu três pênaltis nas semifinais contra a Alemanha. Nessa época, já era o goleiro titular absoluto do Beira-Rio.

Em 1987, o Inter chegou à decisão da Copa União. Perdeu para o Flamengo, com um gol de Bebeto, no Maracanã. Foi quando o país inteiro se acostumou aos gritos de Taffaaareeeeel!

O grito ficou popular, de fato, na Copa dos Estados Unidos, em 1994. Os pênaltis, sempre eles, viraram marca registrada do goleiro brasileiro. Os perdidos por Baresi e Roberto Baggio, o defendido na cobrança de Massaro. Quatro anos mais tarde, nas semifinais da Copa da França, o empate com a Holanda com gols de Ronaldo e Kluivert levou mais uma vez a decisão para os pênaltis. Esses já eram especialidade de Taffarel, e ele defendeu as cobranças de Cocu e Ronald de Boer.

Meses antes da consagração na Copa dos Estados Unidos, Taffarel sofria por consequência da ampliação do limite sancionado que restringia o número de estrangeiros na Itália. Cada elenco podia ter três, em 1990, e quatro, a partir de 1992. Mas dos quatro havia restrição para um deles em cada jogo. Taffarel passou semanas treinando como homem de defesa, perdeu a forma técnica e foi criticado por falhas com a camisa da Seleção. Foi o que provocou seu retorno ao Brasil para jogar pelo Atlético Mineiro, onde seria campeão estadual em 1995.

Os pênaltis, no entanto, ainda continuariam em sua biografia. No Atlético, perderia a decisão da Copa Conmebol contra o Rosário Central nesse tipo de cobrança. Em 2001, mais perto do fim de carreira e de volta ao exterior, fechou o gol contra o Arsenal e deu ao Galatasaray o título da Copa da Uefa.

Nome: Cláudio André Mergen Taffarel
Nascimento: 8/5/1966, em Santa Rosa (RS)
Clubes: Internacional (1985-1990), Parma-ITA (1990-1993), Reggiana-ITA (1993-1994), Atlético Mineiro (1994-1998), Galatasaray-TUR (1998-2001), Parma-ITA (2001-2003)
Seleção Brasileira: 1988-1998 (101 jogos)

telê santana

"A presença de Telê é uma dessas coisas que ninguém pode ignorar."

NÃO HÁ DEFINIÇÃO MELHOR para o que foi Telê, como jogador, que o texto publicado por Mario Filho na *Manchete Esportiva*, em 1956. O trecho abaixo resume sua capacidade de estar em todos os lugares do campo, algo que o fez ser chamado de formiguinha e apontado como o motor do Fluminense em toda a década de 50:

> Descobrimos Telê todos os anos. E o curioso é que ele é sempre o mesmo. Não há jogador mais fiel a si mesmo. Por isso Telê se repete. A repetição esconde-o, faz a gente se esquecer dele um pouco. O termo não é esquecer. A presença de Telê é uma dessas coisas que ninguém pode ignorar. Ele joga os noventa minutos. Dito assim, parece que não é nada de mais. O jogo dura noventa minutos, o que pode sugerir, como sugere à primeira vista, que todos jogam noventa minutos. Jogariam, se não fosse Telê. Quer dizer, a gente não ia desconfiar de que não jogam, se não fosse Telê. Telê trouxe uma nova medida de tempo para o futebol. É, de algum modo, o ponteiro dos segundos, o que não para. Os outros são, quando são, o ponteiro dos minutos. Há, até, os que não são ponteiros: são os cinco, os dez, os vinte, os trinta, os sessenta, os números que os ponteiros atravessam, girando. Ponteiro dos segundos é Telê.

Era assim no tempo em que ocupava a ponta direita do Fluminense; foi assim durante toda a carreira de técnico, iniciada com sucesso também nas Laranjeiras. O sonho do garoto Telê, na pequena cidade de Itabirito, era ser jogador de seu time do coração. E esse não era outro senão o Fluminense.

Em 1950, chegou às Laranjeiras e no ano seguinte fez parte da equipe montada por Zezé Moreira, que ficou conhecida como "Timinho", por reunir jogadores jovens e sem fama, mas que arrebatou o título carioca numa decisão contra o Bangu. No primeiro jogo, improvisado como centroavante, marcou os 2 gols na vitória por 2 x 0. No segundo, participou do gol do título, marcado por Orlando Pingo de Ouro.

Oito anos mais tarde, Telê jogava como meia-direita em outra equipe dirigida por Zezé Moreira, que mais uma vez conquistou a taça numa decisão contra o

Bangu. As participações nos dois times fizeram com que Telê Santana tivesse Zezé Moreira como modelo, a partir do momento em que decidiu ser treinador, após passar discretamente pelo Guarani e pelo Vasco no final da carreira.

Como técnico, Telê foi campeão carioca pelo Fluminense, onde teve passagem marcante. Em 1969, ano do título, os jogadores foram proibidos de entrar pelo portão principal do clube nos dias de treino, por causa do envolvimento do centroavante Flávio com a filha de um dirigente. Num dia de treinamento, ao encontrar o portão fechado, todos os jogadores pularam o muro do estádio das Laranjeiras para ter acesso ao campo. Telê, com acesso permitido pela portaria social, foi solidário aos jogadores. Também pulou o muro.

Foi campeão brasileiro pelo Atlético Mineiro e pelo São Paulo e tornou-se o único na história a conquistar, como treinador, os quatro principais estaduais do país: paulista, carioca, mineiro e gaúcho. Também foi bicampeão mundial pelo São Paulo. E formou a mais marcante Seleção Brasileira da história, depois do time de 1970. Em 1982, o Brasil encantou o mundo com um jogo envolvente, arrebatador. Um time que o tempo não apaga da história, por mais que os ponteiros dos relógios teimem em seguir seu ritmo, de segundo em segundo. Como Telê.

Nome: Telê Santana da Silva
Nascimento: 26/7/1931, em Itabirito (MG)
Falecimento: 21/4/2006, em Belo Horizonte (MG)
Clubes: Fluminense (1950-1961), Guarani (1960-1962), Vasco (1963)
Seleção Brasileira: não jogou

■ toninho cerezo

UMA DAS GRANDES PERGUNTAS do futebol moderno diz respeito à posição de cada jogador. Rivaldo é meia ou atacante. E Kaká?

Volte no tempo e pense em Toninho Cerezo. A dificuldade para definir o local do campo onde ele melhor se adaptava fez surgir um dos apelidos mais carinhosos – e ao mesmo tempo injustos – da história do futebol do país: Peladeiro.

Toninho Cerezo era peladeiro porque não parava, porque aparecia em todos os lugares do campo, porque vestia a camisa 5, mas era capaz de armar times e até fazer gols.

Assim, apareceu pelo Nacional, de Manaus, durante o Campeonato Brasileiro de 1973. O Atlético Mineiro, clube de seu coração e onde foi revelado, mantinha um convênio com a equipe amazonense. Para o Nacional, emprestou revelações como Ângelo, Danival e o centroavante Campos, além de Toninho.

No ano seguinte, o Galo repatriava sua joia, convencido de que não poderia abrir mão de jogador tão talentoso. Era ainda o tempo da hegemonia do Cruzeiro, tetracampeão em 1975. O ano de 1976 sacramentou a virada. O Atlético foi campeão com Toninho Cerezo, Danival, Ângelo, Marcelo e um garoto que se tornaria o maior dos craques da era Mineirão: Reinaldo.

Volante, meia, armador... Um peladeiro completo.

A mesma equipe terminou invicta o Brasileirão de 1977. A imagem da derrota nos pênaltis para o São Paulo é o choro de Toninho, abraçado aos companheiros. O Galo é o único vice-campeão brasileiro invicto e com dez pontos somados a mais que o rival campeão.

Agora, pergunte quem foi melhor: Falcão ou Cerezo? Em 1978, auge da fama do craque do Inter, Cerezo foi à Copa da Argentina. Falcão, não. Foi titular até a reta de chegada, assim como na Copa de quatro anos mais tarde, na Espanha. Lá, a grande decepção. O passe errado que resultou no segundo gol da Itália, no estádio Sarriá, é lembrado até hoje como o ponto negativo de uma carreira que não teve quedas de rendimento.

Na Roma, foi vice-campeão europeu em 1984. Na Sampdoria, campeão italiano em 1991 e, mais uma vez, vice da Copa dos Campeões da Europa, em 1992. Para completar suas vitórias, logo depois da derrota para o Barcelona, na decisão europeia, pegou um avião para reencontrar o técnico que o dirigiu no Atlético e na Seleção: Telê Santana.

Vestiu a camisa 8 – não mais a 5 – do São Paulo na decisão da Copa Intercontinental de 1992. Cerezo era da Samp e perdeu para o Barça em maio, na decisão europeia. Pelo São Paulo, vingou-se do clube espanhol na finalíssima mundial. Se não foi eleito o melhor em campo, foi porque Raí fez os 2 gols decisivos. Como Raí já não estava no Tricolor do bi, em 1993, Cerezo reinou solitário, com gols e passes. Ali, foi o nome da partida.

O mais alegre peladeiro dos campos do Brasil, craque que começou a vida alegrando pessoas na profissão de palhaço e encerrou a carreira correndo feliz pelos quatro cantos do campo. Ainda passou pelo Cruzeiro em 1996, ano do centenário da cidade de Belo Horizonte. Até hoje, nos campos de Minas Gerais, pode-se perguntar em que posição de fato Toninho Cerezo jogava. Em todas. Volante, meia, armador... Um peladeiro completo.

Nome: Antônio Carlos Cerezo
Nascimento: 21/4/1955, em Belo Horizonte (MG)
Clubes: Atlético Mineiro (1972), Nacional-AM (1973-1974), Atlético Mineiro (1974-1983), Roma-ITA (1983-1986), Sampdoria-ITA (1986-1992), São Paulo (1992-1993), Cruzeiro (1994), América (1996), Atlético Mineiro (1997-1998)
Seleção Brasileira: 1977-1985 (57 jogos, 5 gols)

■ tostão

A VIDA DE EDUARDO GONÇALVES DE ANDRADE divide-se em três momentos: o craque, o médico e o jornalista. Tão preciso e inovador em cada uma de suas atividades, o doutor Eduardo, médico, parece mesmo outra pessoa, outra personalidade, se comparada a Tostão, o craque do campo e da pena.

Colunista de alguns dos principais jornais do país, comentarista daqueles que não temem dizer verdades, Tostão fez sua vida de jornalista usando em seus textos citações de autores, poetas, personalidades. Questão de estilo, que tentará se reproduzir nesta breve crônica sobre o craque:

"A ele, bastava um palmo de grama para encantar o mundo com dribles e gols jamais sonhados antes", escreveu o cronista mineiro Roberto Drummond. Certamente com dor no coração, por falar tão bem de um craque que se vestia de azul, cor do Cruzeiro, cor do maior rival do Atlético, paixão de Drummond.

Antes de Tostão, Minas Gerais não havia produzido jogador tão completo. Pense em Niginho, Ninão, Nininho, Zé do Monte, o goleiro Kafunga... Diferentes estilos e épocas; nunca chegaram nem perto do gênio, que começou a montar em torno de si o maior time do Cruzeiro de todos os tempos. Conta a história que a saga de Tostão na Toca da Raposa começou no dia do casamento de Felício Brandi, dirigente do início dos anos 60. A noiva na igreja esperava o noivo atrasado. Quando finalmente chegou Felício, esbaforido, ajeitando a gravata, a conversa se deu com o bispo, dom Serafim Fernandes de Araújo, escalado para a cerimônia.

– Onde você estava? – perguntou dom Serafim.

– Contratando Tostão, do América – respondeu Felício.

A decepção do bispo, atleticano até os ossos, não se deu apenas naquele instante. Perdurou por uma década. "Por mais que eu reze, não tem jeito. Esse Tostão é mesmo infernal", escreveu dom Serafim, num misto de praguejamento e homenagem ao craque que atormentava seu Atlético.

Tostão deixou a camisa azul por momentos, nas Copas de 1966 e 1970, para despertar mais frases geniais sobre seu futebol. "As tabelinhas de Pelé e Tostão confirmam a existência de Deus", escreveu Armando Nogueira.

Havia quem apostasse na impossibilidade dessas tabelas, porque ambos eram pontas de lança. Para confirmá-las em campo, Tostão trocou a camisa 8 do Cruzeiro pela 9 do Brasil. A mudança de posição só foi possível por causa de uma característica singular para o futebol da época:

– Poucos jogadores sabiam abrir espaços para os companheiros como Tostão fazia – disse Didi.

Justamente o gênio da Copa de 1958 era o treinador da Seleção Peruana no Mundial do México, em 1970. E sofreu com Tostão. Naquela partida, válida pelas quartas de final da Copa, Tostão marcou duas vezes e o Brasil venceu por 4 x 2. Mais que isso, abriu espaços, fez passes, deu dribles. Dribles como o mais famoso deles. Na segunda partida daquele Mundial, tocou entre as pernas de Bobby Moore, o zagueiro campeão pela Inglaterra em 1966. O drible num milímetro, outra peculiaridade de Tostão: fazia de um lenço um latifúndio. Em seguida, o passe para Pelé ajeitar e Jairzinho marcar.

Tostão parou prematuramente, aos 26 anos, fruto de uma bolada no olho recebida num jogo Cruzeiro x Corinthians, desferida pelo zagueiro Ditão. Jogou pouco? Jogou muito. Ou, como também disse Armando Nogueira, escritor e jornalista:

– Quem viu Tostão pode se considerar uma pessoa feliz.

Nome: Eduardo Gonçalves de Andrade
Nascimento: 25/1/1947, em Belo Horizonte (MG)
Clubes: Cruzeiro (1963-1972), Vasco (1972-1973)
Seleção Brasileira: 1966-1972 (43 jogos, 24 gols)

CBD

“A ele, bastava um palmo de grama para encantar o mundo com dribles e gols jamais sonhados antes.”

túlio

É quase tão bom no marketing pessoal quanto com a bola dentro da área.

TÚLIO MARAVILHA ESTÁ EM BUSCA do milésimo gol.

A carreira já superou os vinte anos. Os clubes, já são mais de trinta. O atacante, já passou dos 40.

Os gols? Os gols estão em torno da nona centena, dependendo da conta. Na de Túlio, estão incluídos os que ele marcou nas categorias de base do Goiás (aqui não vai nenhuma crítica, apenas uma informação). É provável que nenhum outro jogador em atividade no futebol mundial tenha tantos. A marca milenária alimenta o sonho do interminável goleador.

Túlio pretende atingi-la em 2010 e ganhar a terceira carteirinha de sócio do exclusivo clube de Pelé e Romário. Fácil não será. São muitos gols e relativamente pouco tempo. No entanto, como estamos falando de um dos mais prolíficos atacantes que já vimos, é prudente não duvidar, uma vez que ele continua balançando redes pelo Brasil.

Túlio foi três vezes artilheiro do Campeonato Brasileiro (da primeira divisão). Só ele e Dadá Maravilha têm tal honra. Em 1989, fez 11 gols pelo Goiás. Em 1994, 19 pelo Botafogo. E, no ano seguinte, também pelo Botafogo, marcou 23 gols.

Os parênteses acima são necessários porque ele também foi uma vez artilheiro do Brasileirão da segunda divisão, e duas vezes da terceira. Em 2007, a torcida do Vila Nova comemorou 27 gols de Túlio na campanha do time na Série C. Em 2008, na Série B, foram 24. Ele já tinha sido o goleador máximo da terceirona em 2002, pelo Brasiliense, com 11 gols.

Túlio comemora seus gols mandando beijos para a torcida e, às vezes, os nomeia. É quase tão bom no marketing pessoal quanto com a bola dentro da área. Oportunismo e posicionamento são suas virtudes, principais fontes do seu acervo. Mas já fez muitos gols entortando zagueiros e exibindo a combinação entre habilidade e frieza, vital para os grandes artilheiros.

Gols que você faria, gols que você jamais sonharia fazer. Gols famosos como o que ele marcou numa vitória do Botafogo sobre a Universidad Católica do Chile, pela Copa Libertadores de 1996. A bola foi cruzada da direita, desviou num zagueiro e sobrou para Túlio, sozinho, a três passos da linha. A defesa chilena desistiu do lance, percebendo o inevitável. Como nas peladas, ele se virou de costas para o gol, ergueu a bola e completou com um toque de calcanhar. Saudável ousadia para uns, puro desrespeito para outros.

Pela Seleção Brasileira, seu gol mais célebre aconteceu na Copa América de 1995, nas quartas de final contra a Argentina. Túlio dominou um cruzamento com o braço esquerdo e empatou o jogo em 2 x 2. Os argentinos foram para cima do árbitro, que, ludibriado, fez o gesto que mostrava que Túlio havia usado o peito. O gol valeu, o jogo foi para a disputa de pênaltis, e o Brasil venceu.

Os gols mais importantes da carreira de Túlio foram os que deram ao Botafogo o Campeonato Brasileiro de 1995. Ele marcou nos dois jogos da decisão contra o Santos. Um na vitória por 2 x 1, no Maracanã. E outro (em impedimento) no empate em 1 x 1, no Pacaembu.

Mas ele provavelmente não concordará e dirá que o gol mais importante será o próximo.

Nome: Túlio Humberto Pereira da Costa
Nascimento: 2/6/1969, em Goiânia (GO)
Clubes: Goiás (1988-1992), Sion-SUI (1992-1993), Botafogo (1994-1996, 1998, 2000), Corinthians (1997), Vitória (1997), Fluminense (1999), Cruzeiro (1999), Vila Nova (1999, 2001, 2007-2008), São Caetano (2000), Újpest-HUN (2002), Brasiliense (2002-2003), Atlético Goianiense (2003), Tupy (2003), Jorge Wilstermann-BOL (2004), Anapolina (2004), Volta Redonda (2005-2006), Juventude (2005), Fast (2006), Canedense (2006-2007), Itaçuense (2006), Itumbiara (2009), Goiânia (2009)
Seleção Brasileira: 1990-1995 (14 jogos, 10 gols)

■ vavá

> Mas o que ficou na história foi a coragem, que inspirou o apelido.

O NARRADOR GERALDO JOSÉ DE ALMEIDA criou o apelido "peito de aço", que virou parte do nome de Vavá, durante a Copa de 1958.

O atacante do Vasco só entrou no time na segunda partida do Mundial, empate em 0 x 0 com a Inglaterra. Para o jogo contra a União Soviética, que o Brasil precisava vencer, o técnico Vicente Feola fez três substituições: Zito, Pelé e Garrincha foram titulares. A nova escalação demorou apenas três minutos para se justificar.

As pessoas ainda se ajeitavam nas cadeiras do estádio Nya Ullevi, em Gotemburgo, quando Didi fintou seu marcador na intermediária. Atento ao lance, Vavá disparou na direção do gol e recebeu um passe perfeito para vencer o lendário goleiro Lev Yashin com um chute no canto esquerdo.

Um gol em que ele mostrou a boa técnica que o levou a iniciar a carreira como meia-armador. Mas em 1958 Vavá já era conhecido como um centroavante trombador, que não tinha medo do contato com zagueiros de diferentes níveis de periculosidade. Característica que apareceu no segundo tempo do jogo contra os soviéticos.

Pelé iniciou a jogada na entrada da área. A bola sobrou à frente de Vavá, um pouco mais longe do que ele gostaria. Ele não teve dúvida: lançou-se num carrinho e dividiu com o zagueiro, que entrou sem dó. A bola foi parar na rede soviética, e Vavá comemorou mancando, por causa de um corte na perna esquerda. Os rasgos, na defesa adversária e na própria perna, inspiraram o apelido que homenageia a raça e a coragem do centroavante que entrou para a história das Copas do Mundo.

Os 2 gols marcados nos soviéticos juntaram-se a mais 3: 1 na semifinal contra a França e 2 na final contra a Suécia.

Quatro anos mais tarde, no Chile, Vavá voltou a ser decisivo a partir das quartas de final da Copa. Fez 1 gol nos ingleses, 2 nos chilenos e 1 na decisão contra os tchecos, transformando-se no primeiro homem a marcar em 2 finais de Copa do Mundo (os outros são Pelé, o francês Zidane e o alemão Breitner).

Gols importantes já faziam parte da vida dele, desde quando chegou do Recife para estrear no Vasco, em 1952. Para ser campeão carioca com uma rodada de antecipação, o clube precisava vencer o Bangu. A ausência de alguns titulares ofereceu a oportunidade a Vavá, que marcou o gol da vitória por 2 x 1.

Vavá começou no Sport, ganhou títulos no Vasco e no Palmeiras, jogou na Espanha (quando estava no Atlético de Madrid, foi o primeiro jogador de um clube estrangeiro a servir a Seleção Brasileira), no México e nos Estados Unidos. Além da força física, seu futebol tinha oportunismo, colocação, eficiência.

Mas o que ficou na história foi a coragem, que inspirou o apelido.

Nome: Edvaldo Izídio Neto
Nascimento: 12/11/1934, em Recife (PE)
Clubes: Sport (1952), Vasco (1952-1958), Atlético de Madrid-ESP (1958-1961), Palmeiras (1961-1963), América-MEX (1964), San Diego Toros-EUA (1965-1966), Elche-ESP (1966), Portuguesa-RJ (1967)
Seleção Brasileira: 1955-1964 (21 jogos, 15 gols)

zagalo

NÃO HÁ BRASILEIRO mais intimamente ligado à Seleção.

Hoje em dia, quando alguém diz que determinada camisa "é minha segunda pele", é quase impossível acreditar.

Mas imagine Zagalo falando dessa forma sobre a camisa da Seleção Brasileira de futebol e diga se não soa absolutamente autêntico.

O período como técnico é parte fundamental dessa relação, pois o transformou no primeiro homem campeão do mundo no campo e no banco, e no único tetracampeão. Também proporcionou sua participação em nada menos que sete Mundiais.

No entanto, como este é um livro sobre jogadores, falemos sobre o jogador.

Zagalo era ponta-esquerda. Tinha muita vitalidade e ótima noção tática do jogo. Entendia, numa época em que os times jogavam com quatro atacantes, que a ajuda de um homem de frente era importante para o meio de campo.

Foi tricampeão carioca pelo Flamengo (1953-1955), antes de começar a chamar a atenção da Seleção Brasileira. Mas o grupo que se preparava para a Copa de 1958 tinha dois pontas, Pepe e Canhoteiro, considerados melhores que ele.

Zagalo conta que foi sua atuação num Flamengo x Botafogo, semanas antes de um amistoso da Seleção, que fez o técnico Vicente Feola convocá-lo. No jogo contra o Paraguai, às vésperas do embarque para a Europa, ele foi o melhor em campo.

O primeiro homem campeão do mundo no campo e no banco, e o único tetracampeão.

Fez 2 gols, saiu do Maracanã aplaudido e garantido entre os 22 selecionados para a Copa.

Até um amistoso de preparação, na Itália, exatamente uma semana antes da estreia no Mundial, Pepe era o titular do time. Mas o ponta santista machucou-se naquele jogo contra a Internazionale de Milão e Zagalo (que o substituiu e marcou um gol na vitória por 4 x 0) ganhou seu lugar. O futebol estava diante de uma novidade tática. Na Suécia, a Seleção Brasileira transformou o 4-2-4, que reinava à época, em 4-3-3, porque Zagalo jogava na ponta esquerda e no meio de campo. Ele marcou 1 gol na campanha do primeiro título mundial do Brasil: o quarto da vitória por 5 x 2 sobre os anfitriões, na decisão.

Zagalo também marcou a relação entre clubes e jogadores de futebol ao ser o primeiro atleta brasileiro a receber o "passe livre". Tratava-se de uma cláusula que o liberava para sair do Flamengo ao final do contrato. Após algumas renovações, seu último acordo terminava no dia seguinte à final da Copa da Suécia.

Antes da viagem, o Palmeiras e a Portuguesa o tinham procurado com propostas vantajosas, mas ele preferiu aguardar, apostando que se valorizaria no Mundial. Na volta, campeão do mundo tendo jogado todas as partidas, as ofertas foram ainda melhores.

Zagalo só não foi para o Palmeiras porque sua mulher não quis deixar o Rio de Janeiro. Aceitou, contra os apelos dos dirigentes flamenguistas, o contrato oferecido pelo Botafogo, onde jogou (conquistando o bicampeonato Carioca em 1961 e 1962) ao lado de Garrincha, Nilton Santos e Amarildo.

Os botafoguenses foram figuras centrais na conquista do bi mundial no Chile, em 1962. Zagalo, titular absoluto, também marcou um gol naquela Copa: o primeiro dos 2 x 0 contra o México, na estreia.

Outros títulos mundiais viriam, no incrível currículo do homem que se confunde com a Seleção Brasileira.

Nome: Mário Jorge Lobo Zagalo
Nascimento: 9/8/1931, em Maceió (AL)
Clubes: América (1948-1949), Flamengo (1950-1958), Botafogo (1958-1965)
Seleção Brasileira: 1958-1964 (33 jogos, 4 gols)

zenon

Uma característica peculiar também chamou a atenção naquele rosto comum: o bigode.

O BRASIL JÁ CONHECIA aquele rosto fazia quatro anos. Desde que as primeiras cobranças de falta chamaram a atenção, ainda durante o Campeonato Brasileiro de 1974, que Zenon disputou pelo Avaí. Mas parecia um rosto comum, não de um craque tão espetacular. O país começou mesmo a olhar para aquele rosto sério a partir de 1978, ano em que passou a ser o comandante de um meio de campo de talento. Ano em que uma característica peculiar também chamou a atenção naquele rosto comum: o bigode.

Não era um bigode qualquer. Também não era qualquer um que seria capaz de apresentar um futebol tão formidável nem de cobrar faltas com tanta precisão. Na partida que abria a terceira fase do Brasileirão de 1978, o Guarani desbancou o Internacional, com direito a gol de placa de Zenon. No meio da defesa colorada, o craque percebeu a brecha e a zaga saindo para deixar Renato e Careca – a dupla de ataque bugrina – em completo impedimento.

Qualquer jogador comum faria o lançamento. Zenon lançou, mas para si mesmo. Passou entre os zagueiros e, de repente, estava frente a frente com o goleiro Gasperim.

Aquele foi o terceiro gol de uma vitória do Guarani no Beira-Rio, resultado que anunciou que uma grande surpresa estava perto de acontecer:

– Naquela partida, percebi que poderíamos ganhar o Brasileiro – declarou certa vez Zenon.

O grande time do Guarani nasceu no interior de São Paulo em 1976, ano da chegada de Zenon. Nos primeiros tempos em Campinas, Zenon vestia a camisa 10, mas jogava com uma geração de trajetória longa e discutida. Campos, centroavante famoso pelo primeiro caso de *doping* no Brasil; Flamarion, volante veterano que disputava campeonatos pelo Guarani havia dez anos; Ziza, ponta, filho do atacante Pinga, do Vasco dos anos 50, que teria carreira mediana.

O time surgiu a partir da entrada de garotos revelados na base, como Renato e Careca, mesclados a veteranos de reconhecido talento, como Zé Carlos, volante do Cruzeiro, campeão da Taça Brasil de 1966 e da Libertadores de 1976. Essa equipe chegaria ao título brasileiro – o primeiro e único conquistado por uma equipe do interior do país – numa histórica decisão contra o Palmeiras. No segundo jogo, vitória por 1 x 0, gol de Careca. O Guarani jogava pelo empate porque vencera a primeira partida no Morumbi, por 1 x 0 – gol de Zenon.

A conquista o empurrou para a Seleção Brasileira, para um contrato no Oriente Médio e, na volta, para a mais marcante de suas experiências. Zenon virou o camisa 10 do Corinthians, da Democracia Corintiana, bicampeão paulista de 1982 e 1983. Não era um dos principais organizadores da Democracia, mas um dos condutores da equipe em campo. O gol do bicampeonato, na decisão contra o São Paulo, em 1983, nasceu de um toque de calcanhar de Zenon para Sócrates. Dali foi para o fundo da rede – o São Paulo ainda empataria por 1 x 1, porém não teve tempo para vencer, resultado obrigatório para colocar água no chope corintiano.

O bigode mais famoso do Brasil no fim dos anos 70 e início dos anos 80 ainda circulou por Atlético Mineiro e Portuguesa. Mas já estava mais ralo, sem o mesmo viço. Brilhou, realmente, nos tempos dos lançamentos e das cobranças de falta pelo Guarani e pelo Corinthians.

Nome: Zenon de Souza Farias
Nascimento: 31/3/1954, em Tubarão (SC)
Clubes: Avaí (1973-1976), Guarani (1976-1979), Al Ahli-SAU (1979-1981), Corinthians (1981-1985), Atlético Mineiro (1986-1988), Portuguesa (1988), Guarani (1988-1990), Grêmio Maringá (1990), São Bento (1991-1992)
Seleção Brasileira: 1979 (5 jogos, 0 gol)

ZICO

Zico é o maior artilheiro do Maracanã, com 333 gols.

OS RUBRO-NEGROS NASCIDOS DEPOIS DE 1983 carregam no coração uma mágoa que só será apagada no dia em que a máquina do tempo for inventada: não viram Zico jogar.

Antes que alguém escreva para a editora que publicou este livro reclamando de um grave erro histórico, uma explicação: Zico voltou, sim, ao Flamengo, entre 1985 e 1989. Aqueles que o acompanharam durante essas quatro temporadas devem agradecer aos céus. Mas devem, também (e infelizmente não podem fazer muito mais que isso), imaginar o jogador monstruoso que vestiu a camisa do clube, a partir de 1967, por dezesseis anos.

Quando Arthur Antunes Coimbra, caçula de uma família de seis irmãos, pisou pela primeira vez na Gávea, em 28 de setembro de 1967, ninguém teve dificuldade para perceber por que o chamavam de Zico. Com 1,55 metro e 37 quilos, ele parecia ter muito menos de 14 anos. Arthur, Arthurzinho, Arthurzico, Zico.

Mas o menino era bom demais. Todos os times da região de Quintino Bocaiuva, bairro carioca, gostariam de tê-lo. Só o Juventude tinha. Um dia, o radialista Celso Garcia o viu jogando um torneio no River Tênis Clube e deu razão aos amigos que diziam que Zico merecia um teste na escolinha do Flamengo. Edu, um de seus irmãos, queria que ele fosse para o América. Mas Zico era rubro-negro desde a tarde em que o pai o levou ao Maracanã pela primeira vez, em abril de 1961.

Era a final do Torneio Rio-São Paulo. Zico viu o camisa 10 do Flamengo, Dida, marcar 1 dos 2 gols da vitória sobre o Corinthians, que valeu o título. O dia também marcou o início da relação mágica entre um menino de 8 anos e um dos templos do futebol mundial.

Tecnicamente, a lista dos gols do maior artilheiro da história do Flamengo começou no dia 1.º de outubro de 1967. Foi quando Zico fez 2 gols pelo time da escolinha, numa vitória por 4 x 3 sobre o Everest. A maior torcida do Brasil ainda não sabia que estava surgindo seu ídolo máximo.

Claro que os gols na escolinha da Gávea não entram na conta dos 508 marcados como profissional, que ajudaram o Flamengo a conquistar 7 campeonatos estaduais, 3 campeonatos brasileiros, 1 Copa União (campeonato de futebol mais importante realizado no Brasil em 1987), 1 Copa Libertadores e 1 Copa Intercontinental.

Zico é o maior artilheiro do Maracanã, com 333 gols.

Em 1983, ele foi jogar na Itália. Duas mil pessoas o receberam no aeroporto para duas temporadas na Udinese. Em seu primeiro ano no país, Zico só não fez mais gols do que Michel Platini. Os italianos o reverenciam até hoje.

Nome: Arthur Antunes Coimbra
Nascimento: 3/3/1953, no Rio de Janeiro (RJ)
Clubes: Flamengo (1967-1983 e 1985-1989), Unidese-ITA (1983-1985), Kashima Antlers-JAP (1991-1994)
Seleção Brasileira: 1976-1986 (71 jogos, 48 gols)

Após o retorno ao Flamengo, marcado também por uma grave lesão no joelho direito, Zico partiu para popularizar o futebol no Japão. Liderou o Kashima Antlers por três anos, estabelecendo uma relação de total idolatria com o público japonês.

Zico jogou dez anos e três Copas do Mundo pela Seleção Brasileira. Se não ganhou nenhuma, azar da Copa. Sua herança estará sempre ligada a um dos times mais formidáveis da história do futebol, o Brasil de 1982, eliminado pela Itália nas quartas de final da Copa da Espanha, no jogo que ficou conhecido como a "Tragédia do Sarriá". Uma tragédia para o futebol.

Meia cerebral, driblador serial, passador magistral, goleador genial, Zico se aposentou em 1994.

"Meia cerebral, driblador serial, passador magistral, goleador genial."

CBF
10

zinho

Zinho é um dos poucos jogadores a ganhar títulos com todas as camisas que vestiu.

A IMAGEM DE JOGADOR BUROCRÁTICO, resultado da análise de uma pequena amostra de atuações, não faz justiça à carreira de Zinho.

Quem só viu a Copa do Mundo de 1994 (sete jogos), ou, por qualquer motivo, decidiu guardar na memória apenas a campanha do tetracampeonato nos Estados Unidos não tem dele a impressão que deveria.

Zinho foi criticado por ser um jogador de características ofensivas, num meio de campo essencialmente marcador. Ironia que puniu quem tinha um papel a executar. O que o público e o técnico esperavam dele eram coisas diferentes. E a prova da satisfação do técnico é o fato de Zinho ter sido titular em todos os jogos da Copa.

Em nenhum outro momento de sua vencedora carreira, antes ou depois do Mundial, ele mereceu o apelido de "enceradeira", referência pouco elogiosa a seus movimentos circulares com a bola, que frequentemente terminavam com um passe lateral. Ninguém era obrigado a gostar da forma como a Seleção de 1994 jogava, mas pouca gente tentou entendê-la. E é evidente que poderia ser diferente, melhor. Mas Zinho não foi o culpado.

O meio de campo do time tinha dois volantes "puríssimos", titulares absolutos na visão de Carlos Alberto Parreira: Dunga e Mauro Silva. A missão deles era proteger a defesa. Raí e Zinho eram, primordialmente, os homens de ligação com a dupla de atacantes, que não precisava de muitas oportunidades para decidir um jogo: Bebeto e Romário.

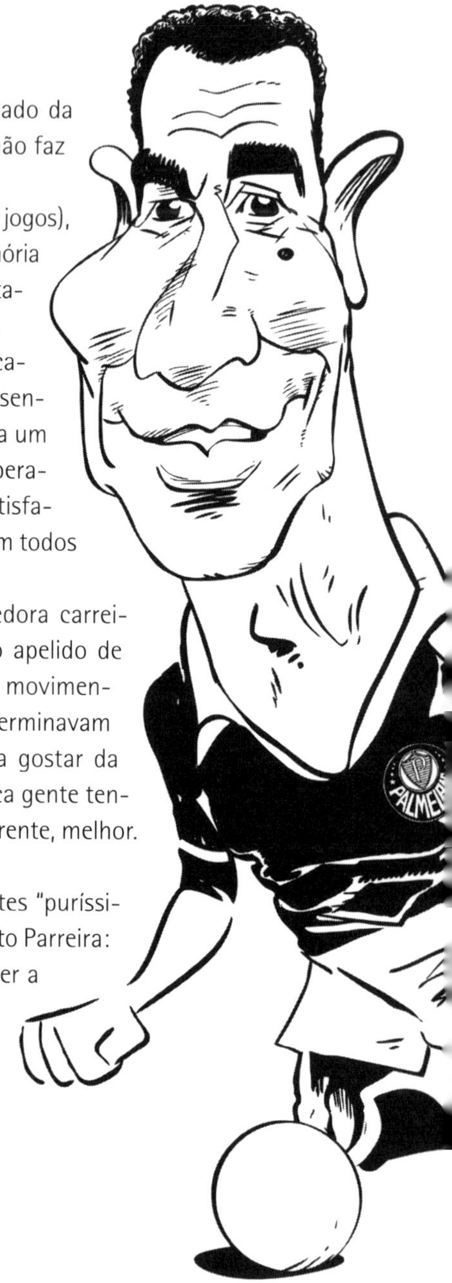

Raí, sem a iniciativa que Parreira queria ver, acabou perdendo a posição para Mazinho. Zinho, que também tinha obrigações defensivas em seu setor, nunca foi o principal criador de jogadas dos times pelos quais passou. Surgiu como atacante rápido e hábil, depois se transformou num ótimo meia de ligação. Posse de bola, sequência de jogadas, chegada ao ataque eram suas características. Na Seleção que ganhou a Copa, a valorização da bola (mantra de Parreira) era um trabalho que ele fazia sem dificuldade. Porém, como o time não tinha um grande armador e a bola passava muito por seus pés, Zinho levou pancada por "falta de objetividade".

O tetra é o título mais importante de um currículo repleto.

No time do Flamengo que conquistou a Copa União em 1987, Zinho, recém-revelado, era um ponta-esquerda que ajudava na marcação, fechando pelo meio. Velocidade e vitalidade sobravam-lhe para receber os lançamentos de Zico no vasto gramado do Maracanã e tramar com Bebeto e Renato Gaúcho.

Pelo rubro-negro, além da Copa União, Zinho ganhou três campeonatos cariocas, a Copa do Brasil de 1990 e o Campeonato Brasileiro de 1992.

No Palmeiras, a partir de 1993, era um meia inteligente e perigoso, constante presença no ataque. Foi esse o clube em que conquistou mais troféus: 2 Campeonatos Paulistas, 2 Brasileiros, 1 Rio-São Paulo, 1 Copa do Brasil, 1 Copa Mercosul e 1 Copa Libertadores.

Zinho ainda foi campeão gaúcho e da Copa do Brasil, em 2001, pelo Grêmio. E campeão brasileiro pelo Cruzeiro, em 2003. Título que fez dele, junto com Andrade, recordista de troféus do Brasileirão (contando a Copa União), com cinco taças conquistadas.

Zinho é um dos poucos jogadores a ganhar títulos com todas as camisas que vestiu.

Até com a da Seleção Brasileira.

Nome: Crizam César de Oliveira Filho
Nascimento: 17/6/1967, em Nova Iguaçu (RJ)
Clubes: Flamengo (1986-1992), Palmeiras (1993-1994), Yokohama Flugels-JAP (1995-1997), Palmeiras (1997-1999), Grêmio (2000-2002), Palmeiras (2002-2003), Cruzeiro (2003), Flamengo (2004-2005), Nova Iguaçu (2005), Miami-EUA (2006)
Seleção Brasileira: 1989-1998 (55 jogos, 7 gols)

zito

Liderança assim o Santos nunca mais viu igual.

NOS ANOS 60, PELÉ JÁ ERA REI. No time do Santos, então, poucos foram os momentos em que se ousou desafiar Sua Majestade. Vaias, nem pensar. Broncas? Bem, nesse caso, havia um jogador com licença para bronquear com o melhor do mundo, enquadrá-lo nos momentos em que queria enfeitar, devolver ao Rei a responsabilidade de quem se sentava no trono.

– Com o Zito, não tinha moleza, não – costuma dizer o Rei, lembrando que o capitão do Santos, bicampeão mundial nos anos 60, podia gritar com ele.

Zito, afinal, já era craque do Santos muito antes de Pelé surgir na Vila Belmiro. Nascido em Roseira, na época um distrito da cidade de Aparecida – o município só conseguiu a emancipação política em 1964 –, jogou no Taubaté o Campeonato Paulista de 1952 e foi apontado como revelação antes de ser comprado pelo Santos.

Chegou ao cenário paulista com o Santos ainda situado como um clube mediano. Grande em história, a torcida vivia das lembranças do ataque dos 100 gols de 1927 ou do título de 1935. A história mudou antes de Pelé e já com a liderança de Zito.

Em 1955, o jogo da primeira taça estadual em vinte anos aconteceu justamente contra o Taubaté. Vitória por 2 x 1 na Vila Belmiro contra a equipe em que Zito foi revelado.

No ano seguinte, viria o bi, numa decisão controversa contra o São Paulo, que teve o goleiro Bonelli acusado de ter se vendido. A taça santista foi garantida nas duas últimas rodadas, depois de o São Paulo perder o que seria o jogo do título contra a Portuguesa. Para o Santos, era fundamental vencer o Corinthians. E venceu com gols de Jair Rosa Pinto e Tite e com a liderança de Zito. A vitória forçou jogo extra contra o São Paulo e nova vitória por 4 x 2.

Quando Pelé estreou, Zito já era bicampeão paulista e herdou a braçadeira de capitão assim que Jair Rosa Pinto deixou a equipe, em 1959. Daí ter se tornado o homem que Pelé obedecia.

Foi também o capitão nas duas conquistas da Libertadores e da Copa Intercontinental, em 1962 e 1963. Em duas das três partidas que valeram o bi contra o Milan, Pelé não estava em campo. Era Almir, o camisa 10, e Zito estava lá mais uma vez.

Se Zito era o líder do time em todas as conquistas do final da década de 50 e início dos anos 60, era natural que Pelé tivesse imenso respeito por ele.

Pelo Santos, foram 733 partidas, com 57 gols. Pela Seleção, mais 43 jogos e 1 gol fundamental. O segundo na vitória por 3 x 1 sobre a Tchecoslováquia, na decisão da Copa de 1962. O gol da virada, porque o Brasil saiu perdendo com gol de Masopust e empatou, com Amarildo – Vavá faria o terceiro.

O declínio começou na segunda metade dos anos 60. Seus últimos títulos aconteceram entre o Rio-São Paulo de 1966 e o Paulista de 1967. Em treze anos, conquistou 9 títulos estaduais, 4 torneios Rio-São Paulo, 5 Taças Brasil, 2 Libertadores, 2 Intercontinentais.

Quando seu desempenho começou a cair, o Santos estava pronto para lançar Clodoaldo, cujo professor para vestir a camisa 5 foi ele mesmo: Zito.

Volante igual, o Santos até teve. Liderança assim o Santos nunca mais viu. Nem Pelé.

Nome: José Ely de Miranda
Nascimento: 18/8/1932, em Roseira (SP)
Clube: Santos (1952-1967)
Seleção Brasileira: 1955-1966 (43 jogos, 3 gols)

■ zizinho

VOCÊ PODE NÃO SABER quem foi Dario Mello Pinto.

Zizinho jamais esqueceu.

Porque um dos episódios marcantes da carreira de Thomas Soares da Silva, que Pelé afirmou ter tido como ídolo, foi a saída de seu clube de formação. Zizinho era o Flamengo e o Flamengo era Zizinho, desde que Leônidas da Silva deixara a Gávea, em 1942. Zizinho era o Flamengo a ponto de todo o país considerá-lo o único jogador inegociável do elenco rubro-negro. Até mesmo o patrono do Bangu, Guilherme da Silveira, pensava assim, quando se sentou à mesa para negociar com Dario Mello Pinto o passe de um banguense, no final dos anos 40.

– É inegociável – disse Silveira.

Ao que Dario Mello Pinto retrucou:

– Nenhum jogador é inegociável!

Raposa do futebol e da contravenção, Guilherme da Silveira devolveu, na canela:

– Então, qual o preço de Zizinho?

Sem conseguir sair da sinuca em que se havia enfiado, Dario Mello Pinto entrou na história do futebol. Pela porta dos fundos.

Magoado, Zizinho trocou a Gávea por Moça Bonita. Seu coração nunca mais bateu pelo rubro-negro como antes. Também nunca escondeu a decepção.

Zizinho era o Flamengo e o Flamengo era Zizinho.

Afinal, a franqueza era marca registrada de Zizinho, tanto quanto seu futebol de alta classe. Cabeça erguida, tocava a bola e dizia verdades. Por que o Brasil perdeu para o Uruguai a decisão da Copa do Mundo de 1950?

- Porque o Uruguai era melhor - declarou em 2000, numa histórica entrevista ao programa *Bola da Vez*, da ESPN Brasil.

Zizinho jogou tanto naquela Copa que a Seleção de Flávio Costa só engrenou após sua entrada na equipe. Nas duas primeiras partidas, ausente por lesão, Zizinho assistiu de camarote a uma insossa vitória sobre o México e ao vaiado empate com a Suíça, no Pacaembu.

Contra a Iugoslávia, no jogo da classificação para a fase final, Zizinho fez gol e só não fez chover porque o mês era junho e os invernos costumavam ser secos no Rio da década de 40.

Ajudou o Brasil a vencer a Suécia por 7 x 1, a Espanha por 6 x 1, e só não conseguiu fazer a Seleção superar a festa antecipada pelo título que não veio.

- Estávamos concentrados no Joá e nos fizeram descer para São Januário. Os almoços passaram a ter presenças de políticos e torcedores, que cantavam vitória. Isso atrapalhou muito a Seleção - também disse Zizinho.

Milagre, o Mestre Ziza não fazia. Mas fez o Bangu virar candidato a títulos nos anos 50. Em 1951, o time só perdeu a decisão para o Fluminense, de Zezé Moreira. No primeiro jogo da final, 2 gols de Telê, ponta-direita improvisado como centroavante. No jogo do título, 2 gols de Orlando Pingo de Ouro. O Flu era mais forte.

A carreira vitoriosa teve a última decepção em 1953, sua derradeira participação na Seleção Brasileira, finalizada com um atrito com o rubro-negro José Lins do Rego, chefe da delegação da CBD. Zé Lins acusava Zizinho de corpo mole, numa campanha em que o Brasil viu o Paraguai ser campeão sul-americano e serviu mais para o chefe da delegação fechar a contratação do técnico guarani Fleitas Solich para o Flamengo.

No último título, aos 35 anos, vestia a camisa 10 do São Paulo, para onde se transferiu em 1957, vendido pelo Bangu. A decisão vencida contra o Corinthians por 3 x 1 fez o Santos vice-campeão por pontos corridos. Até hoje, Pelé repete sobre o craque que o fez ser segundo colocado:

- Zizinho foi o maior que vi jogar.

Nome: Thomas Soares da Silva
Nascimento: 14/9/1921, em São Gonçalo (RJ)
Falecimento: 8/2/2002, em Niterói (RJ)
Clubes: Flamengo (1939-1950), Bangu (1950-1956), São Paulo (1957), Audax Italiano-CHI (1958)
Seleção Brasileira: 1942-1957 (53 jogos, 30 gols)

brasil 1970

As feras do Saldanha ganharam todas as partidas da Copa do Mundo.

NA HISTÓRIA DAS COPAS DO MUNDO, só quatro Seleções foram campeãs vencendo todos os jogos. Duas delas, o Uruguai de 1930 e a Itália de 1934, precisavam vencer todas porque se tratava de torneios de mata-mata. Ou ganhava, ou fazia jogo de desempate, ou voltava para casa.

Os dois outros casos são o Brasil de 2002 e a Seleção de 1970.

No início da década de 2000, a revista inglesa *World Soccer* ouviu especialistas do mundo inteiro para eleger o melhor time da história. Adivinha quem ganhou?

Se alguém pode pensar no time do primeiro título mundial, pela grande quantidade de craques – Garrincha, Didi, Vavá, Pelé e Zagalo juntos –, deve lembrar também que aquele foi o que produziu o primeiro 0 x 0 das Copas do Mundo.

O Brasil de 1970, não. Venceu times fantásticos como a Inglaterra, então campeã mundial. Contra o Uruguai, de virada, vingou a derrota de 1950, numa semifinal de Copa. Contra a Itália, campeã europeia, não economizou e goleou por 4 x 1.

Alguém já cometeu até a imprecisão de dizer que era o time com cinco camisas 10 no ataque. Impreciso apenas porque Tostão era o 8 do Cruzeiro. Mas Jairzinho, Pelé, Gérson e Rivelino vestiam o número sagrado em seus clubes, respectivamente Botafogo, Santos, São Paulo e Corinthians.

A melhor Seleção da história do Brasil – e das Copas – nasceu com João Saldanha, promovido a treinador em 1969, anunciando suas feras. Justamente a equipe que estreou no Beira-Rio, em abril daquele ano, com Félix, Carlos Alberto, Brito, Joel Camargo e Rildo; Piazza, Gérson e Dirceu Lopes; Jairzinho, Tostão e Pelé.

As feras do Saldanha ganharam todas as partidas da Copa do Mundo. O time da Copa manteve oito titulares. Trocou apenas Joel Camargo por Clodoaldo, com o recuo estratégico de Piazza para a quarta zaga; mudou Dirceu Lopes por Tostão; e Everaldo ganhou o lugar de Rildo, na lateral-esquerda.

Também mudou o técnico. Saldanha, pressionado por resultados como as derrotas para a Argentina, em Porto Alegre, e para o Bangu, num jogo-treino, igualmente questionado por seu posicionamento político em tempos de ditadura, deixou o cargo em março, para Zagalo. Assumiu o posto de comentarista durante a campanha do México. Zagalo fez as três mudanças: embarcou sob desconfiança, estreou levando o primeiro gol dos tchecos e nunca mais parou de vencer.

De todas as grandes Seleções da história, aquela talvez não tivesse a maior constelação. Discute-se se aquele Brasil tinha goleiro. Félix tomou mais de 1 gol por partida - 7, em seis jogos -, mas fechou o gol contra a Inglaterra. Se Brito era o zagueiro ideal. Seguro, dava de bico, mas protegia o talento do meio de campo para a frente. Se Everaldo era tão bom quanto Marco Antônio, seu reserva. Não era, mas ganhou o lugar pela maturidade. Em todas as outras oito posições, o time era inquestionável.

Em todas as suas partidas, o Brasil de 1970 foi inigualável. Nenhuma outra equipe conquistou, na história do futebol, tantos resultados expressivos em tão curto espaço de tempo.

Carlos Alberto, Brito, Gérson, Clodoaldo, Wilson Piazza, Marco Antônio, Rivelino, Tostão, Pelé, Jairzinho e Félix

BRASIL

injustiças

QUANDO A EDIOURO NOS procurou com a ideia de fazer este livro, a etapa da eleição pela internet foi tema de boas conversas.

O envolvimento de quem gosta de futebol, como nós, e a contribuição para a escolha dos 100 jogadores fariam dele um "livro coletivo", com um pouco da opinião e da paixão de cada pessoa que votou. E é claro que o período da votação serviria, também, para a divulgação do projeto.

Mas como fazer o "pleito"? A eleição precisaria ser funcional, inteligente. Pedir para os interessados escreverem o nome de 100 craques preferidos seria pedir para ninguém participar. Criar uma lista de candidatos pareceu mais sensato.

Decidimos por uma consulta de múltipla escolha. Um universo de 150 jogadores serviria como ponto de partida para a escolha dos 100 melhores. Era só visitar o site da ESPN Brasil, clicar em no mínimo 1 jogador e no máximo em 100, enviar os votos e pronto.

Chegar aos 150 candidatos não foi fácil. Se estivéssemos falando de jogadores de qualquer outra nacionalidade, o trabalho seria mais simples. Mas o Brasil é o país do jogador de futebol. A oferta é enorme, e a comparação entre eras, dificílima, independentemente dos critérios.

Incluiríamos todos os campeões do mundo pela Seleção Brasileira? Só os titulares? Mas e quem se machucou às vésperas da Copa?

Optamos por uma lista democrática, observando as gerações e seus ídolos. Submetemos a lista a colegas e amigos, que sugeriram mais 32 nomes, prontamente aceitos.

Na relação final de 182 jogadores, uma injustiça foi cometida: Jonas Eduardo Américo, o Edu. Estreou no Santos com 15 anos, foi para a Copa de 1966 com 16, é o sétimo maior artilheiro da história santista, um ponta-esquerda magnífico. Edu passou onze anos no Santos; jogou também no Corinthians, no Internacional e no New York Cosmos. Foi a três Copas do Mundo (1966, 1970 e 1974).

Percebemos a ausência de Edu alguns dias depois do início da votação e achamos que não seria correto alterar a lista. Esperamos que ele nos perdoe.

Também fomos injustos com Osmar Fontes Barcellos, o Tesourinha, ponta-direita das décadas de 40 e 50.

Jogando num esquadrão histórico do Internacional, Tesourinha conquistou 7 títulos gaúchos entre 1941 e 1948. Ganhou dois Campeonatos Sul-Americanos (1945 e 1949) pela Seleção Brasileira, nos quais foi eleito o melhor jogador. Foi campeão carioca em 1950 pelo Vasco e só não jogou a Copa do Mundo no Brasil porque se machucou.

Tesourinha também está na história do futebol brasileiro por ter sido o primeiro atleta negro a jogar pelo Grêmio, em 1952.

Pela terceira grande injustiça deste livro, não somos culpados. O bicampeão mundial (1958 e 1962) Mauro Ramos de Oliveira não está aqui porque não recebeu votos suficientes. Inacreditável.

Nenhum zagueiro jogou futebol com mais elegância, mais classe, do que Mauro Ramos. Foi ele quem ergueu nossa segunda Copa do Mundo como capitão da Seleção. Mauro também foi capitão do São Paulo e do Santos da era Pelé.

Tínhamos tanta confiança de que ele estaria entre os eleitos que incluímos seu nome entre os 50 primeiros textos que entregamos para a Ediouro, antes mesmo de a eleição terminar.

Foi nosso único erro.

A.K. e P.V.C.

Ediouro

Editora **Marcia Batista**
Coordenação de produção **Adriane Gozzo | AAG Serviços Editoriais**
Preparação de originais **Rodrigo Fragelli e Adriane Gozzo**
Revisão **Carol Wilbert e Alessandra Miranda de Sá**
Capa, projeto gráfico e paginação **A2 (AC, Mika Matsuzake, Tiago Ferro)**
Ilustrações de miolo **Fraga**
Imagens de miolo **Getty Images**
Imagem de capa **iStock**

CIP-BRASIL. CATALOGAÇÃO NA FONTE
SINDICATO NACIONAL DOS EDITORES DE LIVROS, RJ

K55c

Kfouri, André
Os 100 melhores jogadores brasileiros de todos os tempos / André Kfouri e Paulo Vinicius Coelho ; [ilustrações Fraga]. - Rio de Janeiro : Ediouro, 2010.

il.
ISBN 978-85-00-02491-7

1. Jogadores de futebol - Brasil - Biografia. I. Coelho, Paulo Vinicius. II. Título.

09-4508. CDD: 927.96334
CDU: 929:796.332

31.8.09-8.9.09
014902

Texto estabelecido segundo o Acordo Ortográfico da Língua Portuguesa de 1990, em vigor no Brasil desde 2009.

Ediouro Publicações Ltda.
Rua Nova Jerusalém, 345 – CEP 21042-235 – Bonsucesso – Rio de Janeiro – RJ
Tel.: (21) 3882-8200 – Fax: (21) 3882-8212/8313
www.ediouro.com.br

Este livro foi composto em Rotis Sans Serif, Rotis Semi Sans e Tahoma e impresso pela Edigraf sobre papel offset 120g para a Ediouro, em junho de 2010.